明清疑案新探——史學家的證言

周佳榮 著

商務印書館

明清疑案新探——史學家的證言

作　　　者：周佳榮

責任編輯：李倖儀

封面設計：涂　慧

出　　　版：商務印書館 (香港) 有限公司

　　　　　　香港筲箕灣耀興道 3 號東滙廣場 8 樓

　　　　　　http://www.commerciAlpress.com.hk

發　　　行：香港聯合書刊物流有限公司

　　　　　　香港新界大埔汀麗路 36 號中華商務印刷大廈 3 字樓

印　　　刷：中華商務彩色印刷有限公司

　　　　　　香港新界大埔汀麗路 36 號中華商務印刷大廈

版　　　次：2017 年 12 月第 1 版第 1 次印刷

　　　　　　© 2017 商務印書館 (香港) 有限公司

　　　　　　ISBN 978 962 07 5755 6

　　　　　　Printed in Hong Kong

目　錄

序

　　余少時治明清史，常感兩代歷史疑案甚多，且真偽難辨，每於正史之外，廣覽筆記類著作，冀能得悉事實真相。是以孟森之《明代史》、《清史講義》及《清初三大疑案考實》諸書，課餘披閱甚勤；謝國楨之《明清筆記談叢》、《晚明史籍考》、《南明史略》等著作，尤多所措意。

　　其後余於大學講授明史，曾撰《明史研究書目提要》五百餘條，對孟森、謝國楨二氏之史學，始有較通盤認識。孟森為江蘇武進人，謝國楨原籍江蘇武進，而生於河南安陽，余與丁潔合著《天下名士有部落 —— 常州人物與文化羣體》，內有專章〈近現代常州史家：從斷代研究到文史結合〉作概括介紹，並以「常州史學」為言，強調自趙翼之《廿二史劄記》以來，漸成一體系，於清代有洪亮吉、李兆洛等名家；至民國初年，而有屠寄之蒙元史研究、孟森之明清史研究及呂思勉之先秦史、秦漢史、兩晉南北朝史、隋唐五代史研究等。其影響及於江蘇無錫之錢穆，與受業於梁啟超之謝國楨，而梁啟超深受常州學派龔自珍、魏源諸氏啟導，乃學術史上之知識。

　　近年海內外有「新清史」之說，余於此並無深究，然而認為清史疑案及未經客觀探討之處尚多，孟森等早期學者致力考實之傳統，時至今日仍有足供珍惜者。孟森嘗言：「其為保護清室之意少而為維持史學之意多。」如何評價清史，首重客觀持平；意見切中肯綮，乃維持史學之不二法門。

　　此書原為預備公開講座而編撰之講稿，務求簡明扼要，並非考證文章，故於相關史事不作瑣細交代。內容以介紹孟森、謝國楨二氏著述及其見解為主，間亦兼顧其他學者之觀點。鑑於若干疑案未有定論，部分事實仍然有待彰顯，拋磚引玉，誠所願矣。是為序。

周佳榮　謹識

2017 年 7 月 12 日

附記：

　　此書據講稿寫成，原不加註釋，只於有需要的情況下交代引文出處，另列延伸閱讀書目供參考之用。付印前增入適量註釋，俾便檢索；至於孟森、謝國楨二氏之著作，坊間流傳版本眾多，為免造成混亂，是以註釋從略。讀者按諸書章節或篇目索驥，尤為便捷。

2017 年 11 月 1 日校閱附記。

第一章　從清初三大疑案説起

　　在清朝的種族專制統治之下，明清史研究尤其是關於一些人物和事件的論述成為禁忌，直至晚清時期始有所鬆懈；到了民國初年，在孟森等先驅學者的努力倡導下，清史研究才正式起步。當時由於民間傳聞甚多，真偽莫辨，令人無所適從，學者根據文獻材料加以考證和分析，有如一股清泉，洗滌人心。他們的見解未必能夠徹底闡明歷史疑團，但所起的作用是十分積極的。

　　孟森著《清初三大疑案考實》，試圖解開清初三大疑案之謎，對有關問題辨誤糾謬，以求明瞭史實真相，表面看來似乎不是研究甚麼有重要意義的大事，實際上卻為清初政局和前期皇帝的個性、生活提供了有力的見解。此書出版之後，備受學界注意，亦廣泛引起讀者興趣，三大疑案至今仍然是人們津津樂道的話題。

第一節　孟森與清史研究起步

■ 孟森生平事略

　　清朝（1644 – 1912 年）二百六十八年的歷史，以及滿洲族入關前的事跡，向來有關著述或諱言其事，或語焉不詳。1911 年辛亥革命爆發後，翌年中華民國成立，清宣統帝愛新覺羅・溥儀（1906 – 1967 年）退位，君主政治結束。明清史研究自此得以較客觀地全面鋪開，而有第一代明清史

學者的出現，孟森是其中的表表者，他在清史方面所取得的成果向為學界所推崇。

孟森（1868－1938 年），字蒓孫，其著作常自署心史，因以為號，世稱心史先生，晚號陽湖子遺。江蘇武進人。早年喪父，家境艱難，受母督教，發憤讀書。於制藝應舉之外，亦窺見學術、事功、文章、經濟之靳向。聰明好學，中過秀才，鄉試未中，負才不羈，以授課為業。1897 年，應同邑何嗣焜之聘，到上海南洋公學（交通大學前身）執教，後調譯學館任職。

1901 年，孟森赴日本，時三十三歲，入東京法政大學攻讀法律，至1904 年回國。翌年入廣西邊防大臣鄭孝胥幕，參與戎機，寫成《廣西邊事旁記》十四卷，並跟從鄭孝胥學詩；旋至日本留學速成法政，自此留心政治。他與常州人謝霖合譯的《簿記學》，是中國早期財務會計人員借鑒日本經驗的重要著作。[1]孟森與南通著名實業家張謇交誼甚厚，是他的親近幕友；孟森生平喜談實業，是受到張謇的影響。

1908 年，孟森入上海商務印書館，任《東方雜誌》編輯，感國事日蹙，在雜誌上倡言君主立憲及財政改革。當時《東方雜誌》是中國最具影響力的刊物，孟森因而頗有聲譽，翌年當選為江蘇諮議局議員，編纂《各省諮議局章程箋釋》，曾前往奉天、吉林、黑龍江、直隸、山東等地考察，希望聯會各地諮議局，速開國會，成立立憲政府。

1911 年 10 月 10 日，武昌起義，各省紛紛響應，宣佈獨立。1912 年1 月 1 日，中華民國成立；未幾清帝退位，清朝結束。翌年，孟森當選為國會眾議院議員。總統袁世凱於 1914 年下令解散國會，孟森自此脫離政壇，從事著述，並致力於學術研究。1914 年出版《心史史料》第一集，是

1　周佳榮、丁潔著《天下名士有部落 —— 常州人物與文化羣體》（香港：三聯書店、香港浸會大學當代中國研究所，2013 年），頁 86–87。

其治史發軔之作；1915 年在《小說月報》上發表〈董小宛考〉，另又撰有〈孔世貞事考〉、〈橫波夫人〉等文章，進而考訂清初掌故傳說。

1917 年，孟森回到常州，主編《武進月刊》；又搭股開辦常州商業銀行、常州紗廠，從事工商業活動，嗣後任江蘇省民政廳秘書主任。1925 年至 1927 年間，孟森與長子孟心如合編《興業雜誌》，報導國內外工商情況，亦時常刊登一些政論文章，頗有「實業救國」色彩。

1929 年，孟森任南京國立中央大學歷史系副教授，講授清史；翌年將《心史史料》第一集擴充而成《清朝前紀》，由上海商務印書館出版，進一步引起學界注意。1931 年北上，任國立北京大學歷史系教授兼系主任。教學之餘，勤於著述，幾年之間，成書數百萬言。

1937 年 7 月，抗日戰爭爆發，孟森困居北平，仍在北大任職。日軍因他撰有〈宣統三年調查之俄蒙界線圖考證〉，脅他交出界線圖，孟森為此深感屈辱憤恨，至攖胃疾。迨至 1938 年 1 月中逝世，終年七十歲。有的記載說他卒於 1937 年，是不正確的。孟森出生之年也有兩說，一說是 1867 年，一說是 1868 年，以後一說為準。

■ 從政治到學術

孟森的著作甚多，前期以政治論著為主，包括法學和財政；中期轉向文學方面，考證明清小說；後期集中於史學研究，有專著和講義結集。換言之，孟森的著作可以大略分為政治、文學、歷史三方面：

一、政治論著 —— 包括譯著《平民政治》、《日本民法要義》和《統計通論》，及自撰《法學通論》與《財政學》，均由上海商務印書館出版。孫家紅編《孟森政治著譯輯刊》（北京：中華書局，2008 年），收錄著作五種和譯作三種；孫家紅編《孟森政論文集刊》（北京：中華書局，2008 年），收錄孟森自清朝末年至 1920 年代發表的政論文章 215 篇，都是針對時政

有感而發，成為記錄近現代中國歷史演變的重要資料。

　　二、文學小説——孟森兼好文學，尤着重小説的研究和考證，有〈西樓記傳奇考〉、〈金聖歎考 (附羅隱秀才)〉、〈袁了凡斬蛟記考〉等；另有小説題跋〈跋聊齋誌異顛道人〉，以及雜論文藝的〈文藝談〉等傳世，這些文章多與明清小説有關。

　　三、史學著述——主要有《心史叢刊》、《清朝前紀》、《明元清系通紀》、《八旗制度考實》、《清初三大疑案考實》等，而以《明史講義》和《清史講義》二書 (或合編為《明清史講義》一書) 影響較大，時至今日，仍為大學教研明清史課程必讀的參考書。商鴻逵整理的《明清史論著集刊》(北京：中華書局，1959 年) 及《明清史論著集刊續編》(北京：中華書局，1986 年) 二書，其後作為「孟森著作集」的一種，合為《明清史論著集刊》上、下冊 (北京：中華書局，2006 年)，遂成定本。

　　孟森晚年擔任史學教席，主講明清史，孜孜不倦，成為一代大家。嘗謂「清史一科，固以糾正清代官書之諱飾，但亦非以摘發清世所諱為本意。」又説：「其為保護清室之意少而為維持史學之意多。故雖不信官書，亦不聽信世俗之傳説，尤不敢盲從辛亥革命以後之小説家妄造清世事實，以圖快種族之私。」換言之，就是本着史學求真的態度，盡量糾正未經證實的傳聞，而為一種持平之論述。

　　1920 年代，孟森把他先後發表過的三篇文章，包括〈太后下嫁考實〉、〈世祖出家事考實〉和〈清世宗入承大統考實〉，合編而成《清初三大疑案考實》單獨印行，以縝密的考證揭開裹挾在歷史檔案和文獻資料中的重重迷紗，把清初以來一直在民間廣為流傳的「太后下嫁」、「順治出家」和「雍正即位」三大疑案，作了系統的整理和敍述，藉此尋求歷史真相，饒富趣味，隨後學界即有加以贊成肯定和提出不同意見的聲音。

　　近刊版本，有孟森著《清初三大疑案考實》(桂林：廣西師範大學出版

社，2010 年），是「20 世紀中國文化學術名作新刊」的一種，附錄〈董小宛考〉。孟森著《清代史實六考》（北京：故宮出版社，2012 年），列入「明清史學術文庫」，增收〈董小宛考實〉、〈香妃考實〉和〈丁香花考實〉三篇，而成「六考」。

另有孟森著《清宮之天朝迷案》（北京：中國三峽出版社，2010 年），列入「清宮經典系列」第一輯。此書輯錄了十三篇文章，主要分為三編：(一)「宮廷疑案」，包括〈太后下嫁〉、〈世祖出家〉、〈清世宗入承大統〉、〈海寧陳家〉四篇；(二)「傳奇女性之迷」，輯入〈橫波夫人〉及〈丁香花〉兩篇；(三)「文字獄」，計有〈奏銷案〉、〈科場案〉、〈朱方旦案〉、〈字貫案〉和〈閒閒錄案〉五篇。宮廷疑案、傳奇女性、文字獄三類，可以說是孟森所撰史學論文的三大主要題材。此書扉頁有孟森簡介：「中國著名歷史學家，擅治明清史。孟森是被公認的中國近代清史學科的一位傑出奠基人。他的著作代表近代清史學科第一代的最高水平，是近代清史研究發展的一塊重要里程碑。」寥寥數語，頗能指出孟森在清史研究領域中的地位。

■ 晚年講學情況

何齡修編《孟心史學記：孟森的生平和學術》（北京：三聯書店，2008 年），收文章二十餘篇，包括綜合性記敘文、小傳、回憶追述文、雜憶雜評、孟森專門著作評議考訂文，殿以孟森本人的治史語錄，附〈孟森史學論著目錄〉，為認識孟森生平尤其是他的史學成就提供了研習的素材。

孟森治史凡三十年，著作數百萬字，他的文章考證翔密，資料豐富，可謂充實而有光輝，有的文章令人讀來興味盎然。不過，孟森以花甲之年掌北大明清史學講壇，雖學養高深，卻不擅講課。有的學生回憶說：「他永遠穿着一件舊棉布長衫，臉部沉悶，毫無表情。他的講課也是出奇的沉悶。有講義，學生人手一編。每次上課必是拇指插在講義中間，走上講台。

他講課從來不向講台下看，照本宣讀。下課時，講義合上，拇指依然插於講義中間，轉身走去，依然不向講台下看。」但他以耆年宿學，又是政界元老，深為北大師生愛戴，孟森本人亦為此深感激動，好學不倦，老而彌篤，潛心研究，佳作頻出。[2]

又有記載說，孟森不喜高談闊論，在課堂授課讀講義，以至課時未滿，學生已散去，孟森不以為忤，異日仍如是。錢穆與孟森同年至北大任課，他說孟森是一好好先生，心氣和易。所任明史，講義寫得太詳密，上堂無多話講，學生缺席，只少數人在堂上，遇點名時輪流應到，有一次孟森說：「今天講堂座上人不多，但點名卻都到了。」仍自講述不輟。學生傳為談資。[3]

其人博學，不僅明清史，中國哲學、經學無不通曉，加上細密周到的分析，為文堅實而有理致，所撰講義一絲不苟。上過他課的學生，頗珍惜他在課堂上派發的講義，或收藏多年，或加以整理，傳諸後世，而成史學經典。《明清史講義》的版本不下八種，就是學生給老師最好的回饋。（表1）各版本的編排、內容和文字略有出入，但數十年來，孟森的教學講義得到珍視則是一致的，成為史學界罕有的現象。

孟森在北京大學授課的情況，是需要說明一下的。1931 年至 1932 年度，他首先開設「滿洲開國史」一科，接着又開了兩次，都是本科生的選修課程。現時看到的《滿洲開國史》講義，是前三年為本科生講授時所用。其後這一科停了兩年，1936 年至 1937 年度重開，作為研究生課程，內容有無調整則不得而知了。

2　陳家紅〈師之大者：史學家孟森的生平和著述〉，何齡修編《孟心史學記——孟森的生平和學術》(北京：三聯書店，2008 年)，頁 119。

3　錢穆著《八十憶雙親、師友雜憶 (合刊)》(台北：東大圖書股份有限公司，1983 年)，頁 158。

表 1　孟森「明清史講義」版本一覽

《明清史講義》	北京大學出版組，1930 年代		
《明代史》(中華叢書)	台北：中華叢書委員會，1957 年	楊聯陞〈序〉，勞榦校對	
《清史講義》(青年文庫)	上海：中國文化服務社，1947 年		
《明代史》修訂本	台北：華北出版社，1975 年		
《清代史》	台北：正中書局，1960 年	吳相湘〈編校前言〉及校讀	1990 年重排新版
《明清史講義》上、下冊，	北京：中華書局，1981 年	商鴻逵整理	上冊：《明史講義》；下冊：《清史講義》
《明史講義》	上海：上海古籍出版社，2002 年	商傳〈導讀〉	
《清史講義》(題孟森學術論著)	杭州：浙江人民出版社，1998 年	吳俊〈編者敍意〉及編校	
《明清史講義》上、下冊 (名宿經典)	台北：古籍出版社，2006 年	楊國楨〈導論〉及導讀	上冊：《明史講義》；下冊：《清史講義》
《明史講義》(孟森著作集)	北京：中華書局，2006 年		
《清史講義》(孟森著作集)	北京：中華書局，2006 年		
《明清史講義》上、下冊	北京：商務印書館，2011 年	上冊：《明史講義》；下冊：《清史講義》	

註：《明清史講義》還有其他版本，如《明史講義》(長沙：嶽麓書社，2009 年)、《清史講義》六冊 (台北：文星書店，1965 年) 等，未能盡錄。

至於「明清史」，最早是在 1932 年至 1933 年度開設，隔了一學年再開，頭兩次均於一年之內兼講明清兩代。《明史講義》最終定稿，是在 1936 年秋；1936 年至 1937 年度孟森再開「明清史」時，把課程分作兩年，即一年講明史，一年講清史，所以明史他應是再講完一遍的，但 1937 年秋，已經不能如常授課了。《清史講義》初時只寫到乾隆末年，嘉慶、道光以後部分，是孟森在 1935 年後增補的，只敍述到第五章同治末年，授課時不曾講到。[4]《清史講義》目錄所列「第六章光宣末造嗣出」，還來不及撰寫。或謂孟森對清末這段史事有所保留而存闕，證諸當時實際情況，相信只是推論而已，事實並非如此。

在大學講台上，這位以專精清史著稱的大學者，對當時的學子——尤其是有志於史學研究的青年來說，自然是他們心目中仰慕的偶像。孟森逝世前一年，在燕京大學講學，據《王鍾翰學述》(杭州：浙江人民出版社，1999 年) 記載：

> 孟先生當時已年近古稀，中等身材，身着長衫馬褂，顯得有點老態龍鍾。兩個多小時的座談，差不多都是孟先生與鄧〔之誠〕、洪〔業〕二師關於評價清史史料問題的對話。孟先生講話似是一口江浙口音，我幾乎完全聽不明白，其感受遠不如我讀其著述那樣強烈，甚至有一種哲人將萎的預感以及後繼乏人的憂慮。

除鄧之誠、洪業二人外，燕京大學的年輕教師齊思和、譚其驤、聶崇岐、鄧嗣禹，也聽了孟森的講座。

4　尚小明〈孟森北大授課講義三種編撰考〉，何齡修編《孟心史學說 —— 孟森的生平和學術》，頁 232–246。

不少記載都說孟森病逝於 1937 年抗戰之年，其實是在 1938 年 1 月。在北平城南法源寺的追悼會上，北大同事二十八人為之默默送行。周作人是留守教授之一，為孟森這位老年同事寫了一副輓聯：

> 野記偏多言外意
> 新詩應有井中函

周作人後來在他的《知堂回想錄》（香港：三育圖書有限公司，1980年）中說：「孟君耆年宿學，而其意見明達，前後不變，往往出後輩賢達之上，可謂難得矣」。順帶一提，北京大學歷史系以氣象宏備見稱，其明清史研究由孟森首開端緒，鄭天挺、商鴻逵等學者苦心經營，頗具規模，成為現代中國史學界專門學科的重鎮之一。[5]

第二節　太后下嫁攝政王

■ 究竟歷史上有無其事？

孟森〈太后下嫁考實〉一文，探討了孝莊文皇后（順治時為太后）改嫁攝政王多爾袞傳聞的虛實。孟森經搜集有關資料和詳加考證之後，指出「清世雖不敢言朝廷所諱之事，然謂清世祖之太后下嫁攝政王，求其明文則無有也。」他認為攝政王多爾袞之由「皇叔父」改稱「皇父」，只見殿試卷與大庫紅本以及內外奏疏中，亦不過古代「尚父」、「仲父」之尊稱。當時張蒼水（煌言）身在敵國，其詩當為謗書；蔣良騏、王先謙二氏《東華錄》

5　王曉青著《學者的師承與家派》（武漢：湖北人民出版社，2000 年），〈燭照幽隱注青史──孟森學記〉，頁 52。

記載之有無，亦不足證。再者，朝鮮《李朝實錄》並無太后下嫁之明文。因而強調：「今以異代訂定史事虛實，則不能不有考實之文耳。」

孟森進而指出，清先人於三百年前之婚嫁關係，尚保存有羣婚制殘餘── 子妻庶母、弟妻兄嫂之舊習；不但北方滿、蒙等民族有此習，即南方藏、彝等民族亦有，不能以封建社會所謂「瀆倫」和「謗書」的眼光，來看待太后下嫁 ── 即「弟妻兄嫂」這件事。

《清初三大疑案考實》此文之下，附有〈胡適之君來書〉及〈答胡適之君書〉。胡適認為孟森「似仍未能完全證明無下嫁之事，只能證明在詔敕官與使節辭令中無太后下嫁之文而已。」胡適自謂決非輕信傳說，終嫌「皇父」之稱似不能視為與「尚父」、「仲父」一例。孟森回答說：

> 當是時攝政王方全掌國事，如以太后嫁彼為倫理上之污點而諱之，則必不以皇父之稱詔示天下。……既以皇父之稱詔天下，如果因得婚太后之故以自尊異，則必以太后下嫁明告天下，而後知有其實故據其名。因其公然稱皇父以仲父、尚父自居，則亦無嫌，故有皇父之稱。即事實只有兩途：一則太后實行下嫁，一則非但不下嫁，並無不可告人之曖昧情事。

孟森根據所見文獻的考證結果是：其習可有，文獻則無。找不到證據就不能說有，這是史學家應該秉持的態度。

至於文獻沒有，是確實沒有，抑或曾經有過，後來被刪除了，其可能性是存在的，尤其是乾隆年間編修《四庫全書》時曾經有意識地消滅一些不利於清朝統治的記載。時至今日，中國歷史辭典之類的工具書對於記此事仍有不同的取捨。

■ 太后與攝政王的生平

　　為了進一步洞悉歷史真相，不妨就孝莊文皇后和多爾袞二人的生平略加說明：孝莊文皇后（1613 – 1688 年），博爾濟吉特氏，蒙古科爾沁貝勒莽古思子寨桑之女，是孝端文皇后（1599 – 1649 年）的姪女。天命十年（1625 年），由其兄卓禮克圖親王吳克善護送至後金，成為皇太極（1592 – 1643 年）之妃，當時她年僅十三歲。皇太極是努爾哈赤第八子，為後金「四大貝勒」之一。努爾哈赤死後，皇太極被擁立為後金汗，其後十年，棄汗稱帝，改國號金為大清，是為清太宗；她被封為永福宮莊妃，生皇九子福臨。崇德八年（1643 年），清太宗突然去世，終年五十二歲；死因傳疑，一說患腦充血，一說被多爾袞害死。清太宗未立嗣子，她於是施展政治影響，使諸王貝勒共擁六歲的福臨繼位，因而被尊為皇太后。

　　貝勒是清建國後宗室封爵名，全稱為「多羅貝勒」。清初天命年間，置八和碩貝勒共議國政。崇德元年（1636 年），定王公以下九等爵以封宗室，多羅貝勒為三等爵，在和碩親王、多羅郡王之下，高於固山貝子。

　　順治元年（1644 年），皇太后隨帝（清世祖）定都北京。或謂她「為鞏固福臨的皇位，依滿、蒙兄死妻其嫂的習俗，下嫁攝政王多爾袞，以延緩和阻止多爾袞奪位稱帝。」[6] 但其事並無明文記載。

　　多爾袞（1612 – 1650 年），清太祖努爾哈赤第十四子，以從征蒙古察哈爾多羅特部功，代名阿濟格統鑲白旗。崇德元年（1636 年），封和碩睿親王；崇德三年（1638 年），授奉命大將軍，統兵攻明，掠河北、山東。清太宗皇太極死後，多爾袞欲繼帝位未果，乃擁立幼姪福臨，與鄭親王濟爾哈朗同為攝政王。

6　秦進才主編《中國帝王后妃大辭典》（石家莊：河北人民出版社，1998 年），〈孝莊文皇后〉條，頁 440。至於《中國歷史大辭典・清史》上（上海：上海辭書出版社，1992 年），〈孝莊文皇后〉條，則沒有提及此事。

孝莊文皇后

順治元年（1644 年）多爾袞統兵入關，打敗李自成後，派兵下江南消滅南明弘光朝，逐步確立清朝對全國的統治。實行圈地，強制剃髮易服，厲行逃人法，激起漢族人民強烈反抗。清世祖福臨年幼，多爾袞乃代決軍國大事，排斥異己，獨攬大權。次年稱「皇叔父攝政王」，順治五年（1648年）稱「皇父攝政王」。在喀喇城圍獵時病逝，終年三十九歲，尊為「成敬義皇帝」，廟號為「成宗」。旋以生前謀逆被揭發，被削奪帝王尊號，籍沒其家，誅其黨羽。到了乾隆四年（1778 年），得以昭雪平反。[7]

多爾袞死後，皇太后輔助十三歲的順治帝親政。其後順治帝之子康熙帝即位，她被尊為太皇太后。康熙二十六年（1687 年）病逝，享年七十五歲。清太宗皇太極葬於昭陵，在今遼寧瀋陽城北隆業山，又稱北陵。孝莊文皇后臨終遺囑不葬瀋陽昭陵，遂暫停放清東陵（今河北遵化）。雍正二年（1724 年），正式葬入地宮。因在昭陵之西，故稱昭西陵。

■ 太后下嫁疑案的評論

皇太后與攝政王私下的關係，外人無從知悉；公開舉行的「太后下嫁」典禮，可能並無其事，現時所有的佐證，都只屬於推斷。即使發生了，在當時的滿洲習俗中，是有可能和可以接受的，不足為奇。但在漢人眼中，則視叔嫂相配有乖倫常；後來滿族漢化日深，認為此事不甚體面，皇室不想予人話柄而刪除有關記載，其可能性也是存在的。究竟真有其事，抑或以訛傳訛，時至今日，塵埃落定，在探討此問題時，「應該是不帶任何感情色彩的史學研究，一切論據都要建立在真實可靠的資料上，才能得出科學的、可信的結論。」[8] 除非以後有確鑿可靠的文獻資料發現，否則「太后

7　《中國歷史大辭典・清史》上，〈多爾袞〉條，頁 167；秦進才主編《中國帝王后妃大辭典》，〈清世祖〉條，頁 442。

8　李殿元編著《清宮疑案》（台北：國家出版社，2011 年），頁 64。

下嫁」一事是難以作進一步判斷的。

　　文獻材料中有兩項需要加以說明：其一，是多爾袞稱「皇父」的緣由。史家鄭天挺曾以專文論證此事，指出清初「皇父」、「叔父」、「叔」、「兄」等稱呼，不是一般親屬稱謂，而是親貴們的一種爵秩。清朝建立初期，一些皇族宗親的爵位已達頂峰，不能再加，於是將親屬稱謂加於爵位之前，例如皇太極時，代善稱「兄義王」；順治時多鐸封「叔王」，位高於親王。多爾袞攝政既久，爵位已到頂，以「攝政」尊於國，「皇父」尊於家，因而有這種稱呼。[9]

　　其二，是張煌言的作品。他有一首詩說，清初某帝娶了一個懷有遺腹子的孀婦，顯係憑空捏造。其〈建夷宮詞〉云：「上壽稱為合巹樽，慈寧宮裏爛盈門。春宮昨進新儀注，大禮恭逢太后婚。」是說太后下嫁時，慈寧宮內張燈結綵，喜氣洋洋。但事實上，孝莊是在順治十年（1653 年）修葺慈寧宮後才遷入。在此之前，順治七年（1650 年）正月，多爾袞納其姪豪格遺孀為妃；當年十二月，多爾袞就病死了。

　　張煌言（1620 – 1664 年），號蒼水，明朝崇禎舉人。南明弘光政權覆亡後，他與錢肅樂等擁魯王監國，據守浙東，官權兵部尚書加右僉都御史。後為清軍所執，拒降不屈，在杭州遇害。著作有《張蒼水集》。因此孟森說他身在敵國，其詩當為謗書，史事不能據此作準。

9　鄭天挺〈多爾袞稱皇父之由來〉，氏著《探微集》（北京：中華書局，1980 年），頁 110 –
　　111。

第三節 順治帝出家的傳聞

■ 順治帝出家為僧？

順治帝即清世祖福臨（1638 – 1661 年），歷史記載他因患天花死於宮內養心殿，終年二十四歲，葬於孝陵；但民間一直流傳他出家為僧，言之鑿鑿。孟森在〈世祖出家事考實〉一文中，認為順治帝好佛是事實，當時木陳、玉林二禪師，皆為順治帝所敬事，玉林還為順治帝取法名曰「行癡」。然而，謂帝於順治十八年（1661 年）「棄天下如敝屣，避入五台山為僧。其文字之證，則取之吳梅村〔偉業〕〈清涼山贊佛詩〉；其事實之證，則謂聖祖奉太后〔孝莊文皇后〕屢幸五台，必有所為。」

孟森取證同時人《玉林國師年譜》、王熙《王文靖集》及大量公私文獻資料，「先將世祖崩於宮中之明證一一搜出，證明是知順治並未親受灌頂即因出痘崩於宮中，而移殯景山，為百官所目睹，則世傳順治因悼亡遁五台，身成活佛之說，不攻自破矣。」

民間盛傳順治帝出家，與江南名妓董小宛有關。據云，董小宛被清軍擄入宮中，深得順治帝寵愛，宮中稱她為董鄂妃。後來董鄂妃因痛失幼子，悲慟至死，順治帝悼亡愛妃，萬念俱灰，竟至放棄帝位，入五台山為和尚。皇太后等人阻止不果，於是假稱順治駕崩，頒發遺詔，以皇三子玄燁繼位，改元康熙。[10]

---

10 潘洪鋼著《明清宮廷疑案》增訂本（北京：中國社會科學出版社，1992 年），頁 158 –
159。

■ 董小宛的身世

孟森撰有〈董小宛考〉，此文考證冒襄侍妾董小宛與順治帝愛妃董鄂氏並非同一個人，意在澄清這個離奇的傳聞。冒襄（1611－1693年），明清之際揚州如皋（今屬江蘇）人，字辟疆，自號巢民。明末副貢生，入清後不仕，以著書自娛，有《巢民詩集》、《巢民文集》、《水繪園詩文集》。冒襄是復社四公子之一（其他三人是陳貞慧、方以智、侯方域），與同時期的文人學者甚多交往。

董小宛（1624－1651年），能詩善畫，酷愛蘇州山水，築竹籬茅舍吟詩彈琴，曾遊歷黃山、西湖和太湖。冒襄屢次拒絕清朝官吏舉薦，一心研究學問，董小宛日夜為夫婿查閱資料，抄寫文稿，自己還着手編纂《奩艷》，積勞成疾，終至一病不起。冒襄十分悲痛，作《影梅庵憶語》以表思念。董小宛善製菜蔬糕點，尤擅桃膏、瓜膏、醃菜等。據傳現今揚州和如皋的灌香董糖、寸金董糖、卷酥董糖，即為董小宛所創製。

冒襄撰《影梅庵憶語》，記述他與董小宛相處的情景，但有人認為冒襄另有用意，實為掩蓋真相而作。據云清軍南下時，董小宛於順治四、五年（1647－1648年）為兩江總督洪承疇部下所擄，輾轉經洪承疇獻入宮中，是在順治十年與十一年（1653－1654年）之間。董小宛去世是在順治八年（1651年）正月，時年二十八。有人猜測冒襄以董小宛被擄之日作為祭辰，托言董小宛已死。當時著名文人紛紛以詩相弔，內容亦有許多令人生疑之處。上述傳聞與董鄂妃的事跡對照，時間上勉強是說得過去的。

■ 順治帝與董鄂妃

董鄂妃（1639－1660年），又稱棟鄂妃，滿洲正白旗人，內大臣鄂碩女。十八歲以德選入掖庭，一說原為襄親王博穆博果爾妻。順治十三年（1657年）冊為賢妃，旋晉皇貴妃。性聰穎，習經書、禪學，通文墨，深

為順治帝寵愛。盡心綜理內政，有母儀之度。因病去世，順治帝親自為她撰寫數千言的〈端敬皇后行狀〉，又命大學士金之俊為其作〈傳〉，以示悼念。治以皇后喪儀，追諡孝獻皇后。康熙二年（1663 年），與順治帝合葬孝陵（今河北遵化昌瑞山）。

歷史上記載的董小宛，比董鄂妃年齡大十五年左右；董鄂妃去世，則較董小宛之死遲九年。滿族入關之初，即出了董鄂妃這樣的才女是較特殊的；入侍內宮時已十八歲，年齡比一般選秀時入宮的女子大五、六年。可見董鄂氏並非於選秀女時入宮，而是在幾年後循其他途徑入宮的，不是由嬪位以下提升的，而是入宮後即直接冊封為妃的，破了後宮晉封的慣例，情況非比尋常。傳說這位「董」鄂妃（有時亦作董妃）曾是「襄」親王妻，即順治帝的弟媳，民間因而把她與冒「襄」的侍妾「董」小宛混同起來，似屬「美麗的誤會」，更為順治帝出家傳聞增添了戲劇性。董鄂妃寵冠後宮，同時也深得皇太后喜愛；生皇四子，但僅四個月兒子就死了，追封為碩榮親王；三年多後，董鄂妃病逝，對順治帝是一個很大的打擊，以致萌生出家為僧之念。經孝莊太后、佛僧玉林璓及天主教耶穌會傳教士湯若望（JohAnn AdAm SchAll Von Bell）等竭力勸說，才打消念頭。

順治帝還有一位貞妃董鄂氏（？– 1661 年），也是滿洲正白旗人，輕車都尉巴度之女。性情溫良，忠事內職。順治帝逝世，董鄂氏感皇帝待她恩深，極盡哀痛而死，一說以身殉葬。據說貞妃從殉出乎皂室意料，她可能是不願意苦煞清宮的寂寞歲月而有此舉。

順治帝駕崩，皇太后決策宣佈遺詔，由出過天花的皇三子玄燁繼位，是為康熙帝。此後她以太皇太后身份，全力輔助幼帝。三藩之亂爆發，她支持康熙帝以武力平叛，經常發放宮中金帛犒賞前線將士，鼓勵清軍英勇作戰。其後對於軍國大事多所指畫，影響顯著。

■ 太后養女孔四貞

孟森又撰〈孔四貞事考〉，提到清初宮廷中另一位話題女子。孔四貞（約 1645 – ？年），又作思貞、似貞，遼東蓋州衛（今遼寧蓋縣）人，孔有德之女。孔有德（約 1602 – 1652 年），原為明登州參將，崇禎六年（1633年）降後金，授都元帥。後金改國號為大清，孔有德於崇德元年（1636 年）封恭順王，屢率部攻明，後隸漢軍正紅旗。清兵入關後，孔有德從攻陝西大順軍，又下江南。順治三年（1646 年）授平南大將軍，率兵征湖廣、廣東；順治六年（1649 年）改封定南王，入廣西。順治九年（1652 年）被李定國圍於桂林，戰敗自殺。

孔四貞被孝莊太后收為養女，居於清宮之中，視若郡主。相傳順治帝擬冊立她為妃，旋知她從幼即許字孔氏部將孫龍子延齡，乃止。孔四貞善騎射，通武事。順治十七年（1660 年），食和碩格格俸，掌定南王事。康熙元年（1662 年）完婚，康熙五年（1666 年）其夫孫延齡出任廣西將軍，以郡主儀仗偕赴鎮，統率孔氏舊部。康熙十三年（1674 年），孫延齡響應吳三桂舉兵叛亂，她力勸夫婿反正歸順。康熙十六年（1677 年），遣使赴江西迎清軍，吳三桂從孫吳世琮率兵逼桂林，誘殺孫延齡；以孔四貞曾為吳三桂養女，使居雲南。康熙二十年（1681 年），雲南叛事平定，孔四貞入京養老。

不妨指出，明末清初與政治有密切關係的女性，孟森是頗感興趣的，成為他的考證課題之一。董小宛、孔四貞，還有後面提到的香妃等人，雖然身份和地位各有差異，但都牽涉到清朝歷史文化的不同方面。從一般人感興趣的話題入手，搜集散佈在文獻著作中的零碎材料，貫串成為一一篇的文章，而對於史事又多所發明，正是孟森著述吸引人之處。平心而論，在今日而言，孟森著作的形式是較為陳舊了，論述也不免晦澀，而仍為人所津津樂道，正是由於這些題材的開拓性。

第四節　雍正帝奪位之謎

■ **雍正帝是否奪位？**

雍正帝即清世宗胤禛（1678 – 1735 年），是康熙帝第四子，其母為孝恭仁皇后（烏雅氏，1660 – 1723 年），皇十四子胤禎（又名允禵）是他的同母弟。雍正帝即位，其母尊為皇太后，旋死於康熙帝大喪期內，一說是因雍正帝迫害同胞弟胤禎而自殺。民間有一傳聞，謂康熙帝傳位給十四皇子，遺詔被改成傳位「于」四皇子，「胤禎」改為「胤禛」。說來容易，但不免予人兒戲之感。

要分析雍正帝是否奪主，要從康熙年間廢立太子等與繼位問題有關的事件說起。康熙帝即清聖祖玄燁（1654 – 1722 年），是順治帝第三子，母孝康章皇后（佟佳氏，1640 – 1663 年）。八歲即帝位，由索尼、蘇克薩哈、遏必隆、鰲拜四大臣輔政。康熙六年（1667 年），康熙帝開始親政，當時權臣鰲拜專橫跋扈，仍掌實權，擅殺蘇克薩哈，屢興大獄；年餘之後，在太皇太后策劃下，康熙帝計擒鰲拜，終身監禁，並清除其黨羽。

康熙十四年（1675 年），蒙古察哈爾部布爾尼乘機叛亂，嚴重威脅京師安全，太皇太后向康熙帝舉薦大學士圖海前去鎮壓。在勁旅南征三藩、宿衞盡空的困難局勢下，圖海奏准練八旗家奴數萬人，迅速平息了叛亂。三藩之亂期間，康熙帝立皇子胤礽為皇太子，是清朝立皇太子之始。至康熙四十七年（1708 年），以胤礽潛謀大位，廢其太子名號，幽禁。因諸皇子希冀皇太子位，削胤禔郡王爵。集大臣令舉奏皇太子，眾舉皇八子胤禩，不准。旋釋廢太子。康熙四十八年（1709 年），復立胤礽為皇太子。康熙五十一年（1712 年），再廢太子胤礽，禁錮於咸安宮。康熙六十一年（1722 年）帝崩，繼位的是第四子胤禛。究竟雍正帝怎樣登上皇帝寶座，是清代初年三大宮廷疑案之一。

康熙帝像

■ 孟森的考證和判斷

孟森〈清世宗入承大統考實〉一文，是關於雍正帝奪嫡的考證。此文認為「康熙諸子奪嫡，為清代一大案。聖祖末年，諸王臣所默喻上意，知為將來神器之所歸者，乃十四阿哥胤禵。胤禵為世宗同母弟。世宗於奪嫡事實無所預。……世尚無能言其曲折者，用臚敍以與天下共見之。」

孟森據《清實錄》、兩《東華錄》、《大義覺迷錄》、《上諭八旗》、《上諭內閣》及《故宮掌故叢編》等，「知雍正之得入大統，實得力於隆科多與年羹堯二人，以此兩人為擁戴主名，聖祖晚年用人，天然為世宗嗣統布置，此不可謂非天相也。」

結論認為，是康熙帝以預定入承大統之人予雍正。所謂「謀父、逼母、殺兄、屠弟，為世宗倫紀中四大罪款，得世宗自為辨訴而款目始定。」論者指出是孟森不啻老吏斷獄，幾成定讞，然將此案中隆科多、年羹堯、胤禩、胤禟、胤礽與胤禵等人分別處理，究不如將其合而論之為合乎歷史事實也。[11]

■ 歷來史學家的爭論

康熙帝晚年是否決定以十四皇子胤禵作為帝位繼承人，學界有不同看法。當時胤禵的地位確實上升得很快，成為舉朝矚目的人物，但有一派認為，康熙帝如屬意於他，怎會在自己病重之時，讓他負責西征，遠在千里之外？另有一派則認為，康熙帝曾指示胤禵通過和談暫時了結戰爭，迅速返京，但和談尚未完成，康熙帝突然發病，給四皇子胤禛造成可乘之機。關於皇子的書寫定式，雍正帝以前，寫為十四皇子、四皇子，雍正以後改

11　王鍾翰〈篇篇精練，字字珠璣 —— 孟森的《明清史論著集刊》及《續編》〉，馬寶珠主編《20 世紀中國史學名著提要》(北京：北京師範大學出版社，2007 年)，頁 262 – 263。

為皇十四子、皇四子。雍正帝親自撰寫《大義覺迷錄》，對有關自己「篡位」的種種說法，進行「闢謠」和反駁，但當中也有一些矛盾之處。[12]

總結而言，後世史家對於雍正帝是否奪位一事始終爭論不休。史學家王鍾翰早年曾著《清史雜考》（北京：人民出版社，1957年）一書，〈清世祖奪嫡考察〉斷定雍正帝為篡位之主；四十年後，於1990年代出版《清史新考》，其中〈清聖祖遺詔考辨〉一文比較了存世的幾份滿文和漢文詔書，進一步認為詔書是偽作。上述二文均見《王鍾翰清史論集》（北京：中華書局，2004年）。

雍正帝即位後，殘酷打擊政敵，幽死胤禩、胤禟，處死年羹堯，禁死隆科多；降郡王胤䄉為貝子，後禁錮於壽皇殿側。為減少內部政爭，確定秘密立儲之制。雍正十三年（1735年）暴卒於北京圓明園，終年五十八歲。死因或說腦溢血，或說丹藥中毒，或說被女俠呂四娘刺殺，眾說紛紜。[13]

雍正年間呂留良案株連甚廣，漢人義憤大起。據說雍正帝殺害呂氏家族時，呂留良的一個孫女在僕人幫助下漏網逃生，在江湖上學得一身武藝，成為有名的女俠，人稱呂四娘。她決心為呂家報仇，當時有名的俠客甘鳳池輩也積極予以協助，清廷雖然竭力搜捕，都沒法抓到他們。傳聞呂四娘的師傅原是一名僧人，為雍正帝手下劍客，後來看不慣雍正帝為人，憤而離去，培養了這名女徒弟。呂四娘混入宮內，用飛劍將雍正帝的頭砍去，並將頭顱取走。清廷為了掩蓋事實，製造了雍正帝病死的假象，又鑄了一個金頭，權充全屍放入棺中安葬。[14]

楊啟樵在《雍正帝及其密摺制度研究》（香港：三聯書店，1985年）一書之中，專門討論了此事，認為呂留良案發後，呂氏一門不大可能有漏

12　潘洪鋼著《明清宮廷疑案》增訂本，頁176。

13　《中國歷史大辭典・清史》上，〈清世宗〉條，頁482–483。

14　李殿元編著《清宮疑案》，頁143–146。

網。雍正八年（1730 年），雍正帝曾在其親信大臣李衞摺中批道：「近聞有呂氏孤兒之說，此事與卿關係非淺，尚須為密查。」李衞是負責此案的浙江總督，同年李衞就此奏覆，說呂氏一門不論男女老幼，均已嚴加看管，連呂家的墓地也已嚴密監視起來，呂四娘漏網恐無可能。圓明園設有護軍營，晝夜巡邏，戒備森嚴，潛入寢宮刺殺皇帝絕不是容易的事。[15]

在《雍正篡位說駁難》中，楊啟樵認為「雍正繼統於手續上合法」，「雍正能順利登基，除卻御榻末命，別無所賴。從而證明口授遺言是真，雍正乃正常繼位，並非篡奪。」[16] 客觀而論，篡位說有其可取之處，反篡奪說亦有其疑點，二說皆未成為定論。期待將來有確鑿的證據，可以解開雍正帝登位和死因這兩個歷史之謎。

15　楊啟樵著《揭開雍正皇帝隱秘的面紗》增訂版（香港：商務印書館，2003 年），頁 293 – 294。

16　楊啟樵著《雍正篡位說駁難》（上海：上海書店出版社，2012 年），〈卷首語〉，頁 1 – 4。

第二章　清之先世和開國經過

　　孟森最早出版的清史論文集，是《心史史料》第一冊，作者署名「心史」，1914 年由上海時事新報館出版。此書收〈滿洲名稱考〉、〈清朝前紀〉、〈清國號原稱後金考〉、〈朱三太子事述〉四篇，考證了清朝先世事跡。1930 年，孟森在南京中央大學任教期間，增撰〈太祖紀〉等文，作為清史講義上編，合成《清朝前紀》一書，由上海商務印書館出版。

　　《心史史料》第一冊原只 106 頁，《清朝前紀》擴至 223 頁，指出清朝統治者對早期史事諱莫如深，而清末以來，又因「以圖快種族之私，而冀流俗好奇之聽」，造成諸多誤解。他撰寫《清朝前紀》，就是為了廓清種種有關的問題。書中比勘《明史》、《明實錄》、《清史稿》、《清實錄》、《東華錄》，朝鮮《李朝實錄》，以及日本稻葉岩吉（君山）《清朝全史》諸書的記載，對後金（清）入關前的世系和活動，作了探賾索隱的研究。

第一節　恢復清朝前史的面目

■ 滿族曾經臣服於明朝

　　孟森的《清朝前紀》凡十三篇，一掃清朝前史的迷霧。第一篇考證「滿洲」名號的含義，及其長期被曲解的原因。文中認為日人所考「滿洲」為「文殊」二字的對音，論斷正確；清朝自稱「滿洲」名號，由來已久，目的不過是掩蓋明代建州之號，以抹殺其曾臣服於明朝的史實。孟森此文並且

指出：「滿住」即「滿珠」，亦即滿洲，原為建州酋長的尊稱，而非個人之稱，其後輾轉襲用，遂為國號。

　　第二篇以下各篇，分綱領及女真紀、建州紀、建州左衛前紀和肇祖、褚宴、充善、妥羅、興祖、景祖、顯祖、太祖、王杲及其子阿台諸紀，追溯並考證了清人先世的源流，直到努爾哈赤一生功業。（表2）

表 2　《清朝前紀》篇目說明

篇次	名稱	說明
第一	女真紀	女真分三部：曰海西，曰建州，曰野人，而建州為清之自出。
第二	建州紀	建州又分三衛：曰建州衛，曰建州左衛，曰建州右衛，而左衛為清之自出。
第三	建州左衛前紀	左衛之設，始於肇祖原皇帝。肇祖以前事實，列為〈左衛前紀〉。
第四	肇祖紀	肇祖名孟特穆，明紀載作孟哥帖木兒，子褚宴充善。
第五	褚宴充善紀	明紀載作童倉、董山。董山子脫羅嗣。董山第三子，《清實錄》名為錫寶齊篇古。
第六	妥羅錫寶齊篇古	妥羅，明紀載作脫羅，而《清實錄》以錫寶齊篇古為興祖之父。
第七	興祖紀	興祖名福滿，又作滿福，明紀載中最難得其確當之傳統，其第四子為景祖。
第八	景祖紀	景祖名覺昌安，明紀載作叫場，子顯祖。
第九	顯祖紀	顯祖名塔克世，明紀載作他失，子太祖。
第十	太祖紀	太祖名努爾哈齊，明紀載作努兒哈赤。
第十一（附）	王杲及其子阿台紀	《清實錄》王杲作阿古，阿台作阿太。

■ 滿族開國前的領袖

孟森認為，滿族的祖先即周代的肅慎、後漢的挹婁、唐代的黑水靺鞨和遼金的女真；元初，清始祖布庫里雍順被授以干朵里（又作干朵憐）萬戶府職。至明時，女真分為海西、建州、野人三部。阿哈出被明授予建州衛指揮之號，猛哥帖木兒為建州左衛指揮，清室即出自猛哥帖木兒一系，後來由他的兒子童倉繼承，權寄其叔凡察；猛哥帖木兒的另一個兒子董山與凡察爭衛印，明朝正統七年（1442 年）朝廷分建州右衛處凡察，董山襲左衛職。童倉的兒子是錫寶齊篇古，錫寶齊篇古的兒子福滿（又名滿福）就是清興祖；清興祖第四子覺昌安就是清景祖，《明紀》作叫場，其子塔克世為清顯祖，努爾哈齊 —— 通稱努爾哈赤就是清顯祖之子。自清肇祖至努爾哈赤，凡七世。此外，《清朝前紀》中對世間謬傳，權勢一度盛於左衛的女真首領王杲、阿台，亦就其事跡作了考證和澄清。

書中確證清始祖布庫里英雄的存在，考證出自此至肇祖凡三世，而非《清實錄》所說越數世而後國亂，又遁荒數世而後傳至肇祖。由肇祖至努爾哈赤凡七世，興祖屬童倉一系，為建州支部，而非《清實錄》所說出於董山一系。

孟森自承此書的考證，是要表述滿族早期的歷史實況，概略言之，就是：

> 當時不過以東夷一部落，曾經臣僕於明，別無不可對人言者，則一切誣妄之說，可以不作，既補一代史文之不備，亦且有補於清，可息衒奇聳聽者之喙也。

《清實錄》滿族起源傳説版畫

書中不但考證清世系及其源流，對清朝開國歷史亦作了深入探討。〈太祖紀〉以近一半的篇幅，對努爾哈赤的生平、他在明朝擔任的官職、如何從為父報仇到擁兵自重、吞併女真各部，以及攻明南北關、控制三衛、脅服蒙古並與明廷攻戰至死等，都作了翔實有據的考證，當中又涉及眾多明代內政和邊防情勢，包括熊廷弼、袁崇煥等人的史事。

總的來說，《清朝前紀》對滿族興起至建立清朝的進程，作了全面而系統的考證和整理，使這段歷史回復本來的面目，為清代史研究奠定了扎實的基礎，其學術價值是很高的。誠如論者指出一般，「此書為中國現代

有關清早期史研究的開拓性著作，書中的不少考證至今看來仍屬不易之論。」再者，「書中以確鑿的證據證明了滿族是中華民族眾多成員之一，源遠流長，其來有自，明清更替是中華民族內部政權更迭，並非異族入侵，從而擺正了清史在中國史上的地位。這些研究成果，對後來的清史研究產生了深刻的影響，開創了一代學風。」[1]

第二節　《明元清系通紀》

■ 以明代紀元敍述清史世系

孟森在清朝結束後不久，即開展一系列有關清史課題的探索，並將所得成果公諸於世，其功不在《清史稿》之下。所編《明元清系通紀》（北京：北京大學出版社，1934 年），記載清朝建立前的滿族歷史，以明代的紀元敍述清史的世系，把明史中被刪削掉的清先世事跡，及清史中諱而不載的事項，亦即明清史共同缺漏的部分，以編年史形式匯纂於一書之中。初刊包括「前編」一卷及「正編」五卷，1937 年續出，「正編」增至十五卷，敍事至嘉靖三年（1524 年）止。此書有台灣學生書局 1966 年影印本，收入吳相湘主編「中國史學叢書」之中，分為四冊，包括「前編」及「正編」卷一至十五。

北京中華書局 2006 年版《明元清系通紀》的〈出版後記〉說，明朝後一百二十年關乎滿清的資料，孟森逝世前已基本收備，亦大體成篇，惟明末數年尚待勘定。遺稿留弟子商鴻逵處，他不負師命，日積月累，至 1960 年代初將是書補苴完稿，成一全帙，可惜在「文化大革命」期間，「心史原

1　劉凌、吳士余主編《中國學術名著大詞典・近現代卷》（上海：漢語大詞典出版社，2001 年），李遠濤〈清朝前紀〉條，頁 553–554。

稿及商氏補足本盡遭毀棄，不可復問。」

　　明朝建立之前，清先世的活動因無年可紀，列為此書的「前編」，藉此追尋滿族發祥歷史之源。「前編」的內容，一直寫到清先世自稱立國為止。清國原本為滿洲，整個清代都稱自己的民族為滿族，與漢族相對立。滿族自立國名，實際上是想擺脫臣服於明朝的地位，獨立發展其本族的事業。自創立國名後，清先世便自稱不再隸屬於明朝，並且嚴厲控制漢族人口，使漢人臣服於清。這些情況異常複雜，因此需要首先詳細加以考證，發現其偽造和掩蓋的部分，去除不真實的記載。

　　此書的「通紀」，內容自清先世充善妥羅以下，經興祖、景祖、顯祖，至太祖、太宗。清太祖和清太宗都各有當朝「實錄」，《明元清系通紀》所述的事項，都是「實錄」不曾記載的，或者雖已記載過，後來又刪掉的事項。書中採用的資料，都是正式刊印出版的書籍，以及官修的「實錄」，有一定的真實性和可靠性。

　　孟森以嚴謹的態度治史，選用史料時十分慎重，書中沒有浮誇的記述，內容翔實，涉及的領域又很廣泛，而且相當豐富。總的來說，《明元清系通紀》是闡述清朝紀元之前滿族歷史發展的重要著作，也是探討滿族起源的珍貴材料，對中國歷史以至民族學研究都作出了貢獻。本書亦為全面研究明代歷史提供了一批新的材料，尤其是關於明代東北地區的社會經濟、政治軍事、民族關係、居民生活等，作了不少具體補充，其意義是十分重大的。[2]

　　1930 年代孟森在北京大學講授明清史時，派發部分相關講義，其後由弟子商鴻逵整理，而成《滿洲開國史》（上海：上海古籍出版社，1992 年）。

2　方鳴、金輝、楊慧林、唐建福主編《二十世紀中國學術要籍大辭典》（北京：中共中央黨校出版社，1993 年），王一方〈明元清系通紀〉條，頁 496。

論者指出，此書「不囿成就，多有創見，是一部有關清代興起歷史的有價值的專著。」[3] 其後改題《滿洲開國史講義》，作為「孟森著作集」的一種，由北京中華書局於 2006 年出版，是現時較流通的版本。視此書為《清史前紀》和《明元清系通紀》的導讀，可收事半功倍之效。

　　《滿洲開國史講義》共分十講：一、〈滿洲名稱考〉；二、〈女真總說〉；三、〈建州〉；四、〈清始祖布庫里雍順之考訂〉；五、〈肇祖原皇帝補紀〉；六、〈充善褚晏補傳〉(附妥羅兄弟補傳)；七、〈興祖直皇帝補紀〉；八、〈景祖翼皇帝補紀〉；九、〈顯祖宣皇帝補紀〉；十、〈王杲補傳〉(附阿台及王兀堂)。其中第二講分野人女真、海西女真、建州女真三節，目錄並標明「建州為清之自出」；第三講分建州衛、建州右衛、建州左衛三節，目錄並標明「左衛為清之自出」。此講義的原文內容未作刪改，商鴻逵所作的補充，在文中冠以「商補」二字，插於正文相應處，用小號字以示區別。

■ 努爾哈赤先祖的事跡

　　以下是清太祖努爾哈赤六世祖、曾祖、祖父、父親的事跡，可以作為閱讀孟森著作的基礎知識：

　　清肇祖 (孟特穆，？– 1433 年)，姓愛新覺羅，是努爾哈赤六世祖，史稱猛哥帖木兒。居於長白山之東斡朵里城 (現黑龍江伊蘭縣南)，元朝封他為斡朵里萬戶府萬戶，為元朝鎮撫北邊。明朝建立後，東北的故元勢力掠擾，他率眾南遷，至圖門江下游訓春江 (琿春江) 流域耕牧。永樂三年 (1405 年)，到南京朝拜明成祖，被授為建州衛指揮使，後率部移往奉州。永樂十年 (1412 年) 明增置建州左衛，他被封為建州左衛指揮使。永

3　宋木文、劉杲主編《中國圖書大辭典 (1949 – 1992)：歷史、地理》上 (武漢：湖北人民出版社，1997 年)，呂健〈滿洲開國史〉條，頁 183。

樂二十年（1422 年）隨明成祖征討韃靼部阿魯台，為避免被報復，奏准遷回斡木河（現朝鮮會寧）。宣德元年（1426 年）晉升為都督僉事，數年後升為右都督。他協助明遼東都指揮僉事裴俊管束遼東女真豪族楊木答兀的部眾，遭楊木答兀襲擊，與長子阿古等戰死。清建國後，尊為原皇帝，廟號肇祖，墓號永陵。

清興祖（福滿），是孟特穆（猛哥帖木兒）的曾孫，錫寶齊篇古（又稱石報奇）的獨子，亦即努爾哈赤的曾祖。清建國後追尊為直皇帝，廟號興祖。

清景祖（覺昌安，約 1518 – 1582 年），明人稱為叫場或教場，是清興祖第四子，即努爾哈赤的祖父。居赫圖阿拉（現遼寧新賓），與五位兄弟分駐六城，通稱寧古塔貝勒。「寧古塔」意為六，「貝勒」是大人、酋長的意思。他與當時稱雄的建州右衛名酋王杲結為姻親，當王杲遭明朝鎮壓時，他投到遼東總兵李成梁麾下，報告邊情，引指道路，隨隊出征。萬曆十年（1582 年），明軍攻打建州右衛古埒城，殺城主阿台（王杲之子），覺昌安與兒子塔克世充當嚮導，卻在戰鬥中被殺死。順治五年（1648 年），追尊為翼皇帝，廟號景祖。

清顯祖（塔克世，約 1544 – 1582 年），明人稱為他失或塔失，是清景祖第四子，即努爾哈赤的父親。明軍殺建州右衛古埒城城主阿台，他與父親同被明軍殺死。順治五年（1648 年）追尊為宣皇帝，廟號顯祖。其妻喜塔臘氏是努爾哈赤生母，追尊為顯祖宣皇后。

清朝所尊的肇、興、景、顯四祖，關係到興祖的父祖究竟為誰的問題。據孟森考證，清之直系正傳應出童倉，而非董山。根據明朝及朝鮮記載，童倉為兄，董山為弟；日本學者將童倉、董山作為一人，實誤。童倉死於戍所，其一子名失保，授指揮僉事，此人即石報奇，是興祖福滿之父。明人以董山為正系，而稱努爾哈赤為「建州之支部」是有所根據的。猛哥帖

木兒有四子：阿古、除烟、充善、童倉；猛哥帖木兒之弟凡察掌右衛後，有意壓抑童倉，故其名不顯。努爾哈赤自詡知其十世以來的家世傳替，而以石報奇為充善子，恐是出於攀附正系之意。以上是孟森治清先世的創見，詳見其著作之中。[4]

明神宗萬曆四十四年（1616 年），努爾哈赤稱汗，國號金（史稱後金），年號天命；次年，起兵叛明。後金天命十一年（1626 年），努爾哈赤逝世，諸貝勒擁立皇太極，以明年為天聰元年。明思宗崇禎九年（1636 年），皇太極即皇帝位，改金為清，年號崇德。崇德八年（1643 年），清太宗皇太極去世，其子福臨嗣位，是為清世祖，以次年為順治元年，也就是清兵入關之年。明末歷史紀年，往往是明朝年號與後金（清）年號兩者並用的。（表 3）

表 3　明朝與後金（清）年號對照表

公元	干支	明朝紀年	後金／清紀年
1616	丙辰	明神宗萬曆四十四年	（後金）太祖天命元年
1621	辛酉	明熹宗天啟元年	天命六年
1627	丁卯	天啟七年	（後金）太宗天聰元年
1628	戊辰	明思宗崇禎元年	天聰二年
1636	丙子	崇禎九年	（清）太宗崇德元年
1644	甲申	崇禎十七年	清世祖順治元年

4　商鴻逵〈述孟森先生〉，何齡修編《孟心史學記 —— 孟森的生平和學術》，頁 5–6。

第三節　努爾哈赤建立後金

■ 努爾哈赤的生平和活動

明朝萬曆十一年（1583 年），建州女真首領努爾哈赤開始統一女真各部的活動；萬曆四十四年（1616 年），努爾哈赤即汗位於赫圖阿拉（今遼寧新賓西南），建元天命，國號大金，史稱後金，以別於十二、十三世紀女真族建立的金朝。後金勢力逐漸擴大後，於天命六年（1621 年）遷都遼陽；天命十年（1625 年）又遷至瀋陽，改瀋陽為盛京。崇德元年（1636 年），皇太極去汗號稱皇帝，改國號為大清，改族名為滿洲。

努爾哈赤（1559 – 1626 年），姓愛新覺羅。祖覺昌安，任明建州衛左都督；一說任建州衛左都督僉事，另一說僅是建州女真一個小部落的酋長。父塔克世，任明建州左衛指揮使（一說是指揮）。努爾哈赤十歲喪母，十九歲被迫分居；他經常到撫順關互市貿易，後投明遼東總兵李成梁部下當兵。勤奮好學，通漢、蒙文字，受漢族文化影響較深。

萬曆十年（1582 年），明軍在鎮壓建州右衛古埒城主叛亂時，殺死充當嚮導的覺昌安、塔克世父子，以「誤殺」論，令努爾哈赤襲父職。翌年，努爾哈赤以祖、父被殺為名，以遺甲十三副起兵攻圖倫城，原因是該城城主尼堪外蘭唆使明軍殺死覺昌安、塔克世父子。

努爾哈赤用了六年多時間征服建州各部，勢力逐趨強大。萬曆十七年（1589 年），他被明朝封為建州左衛都督僉事；萬曆十九年（1591 年），努爾哈赤收服長白山三部中的鴨綠江路，升為左都督，萬曆二十三年（1595 年）進封為龍虎將軍。其後連年用兵，征服海西、東海女真各部；至萬曆四十三年（1615 年），基本上統一女真各部，推動了女真社會的發展和滿洲共同體的形成。

　　努爾哈赤又在氏族制牛錄組織的基礎上，創建八旗制度。「牛錄」是滿語音譯，其義為箭。滿族古制，凡出兵狩獵，各隨族黨屯寨而行，人各一矢，十人設一箭主，名為「牛錄額真」。努爾哈赤編三百人為一牛錄，每牛錄設一額真。起初只有黃、白、紅、黑四旗，後來增四鑲旗，易黑為藍；四鑲旗中，紅旗鑲白邊，其他旗鑲紅邊，共為八旗，總兵力六萬人。凡滿族成員分隸各牛錄，平時生產，戰時出征，是軍政合一的社會組織；設理政聽訟五大臣，與八旗旗主共議國政；任札爾固齊（聽訟官）十人，審理案訟。此外，努爾哈赤還倡導和支持用蒙古文字母創建滿文。

　　萬曆四十四年（1616 年），努爾哈赤在赫圖阿拉（今遼寧省新賓）稱汗，立國號為金，建元「天命」，史稱後金。萬曆四十六年（1618 年），以「七大恨」誓師反明，親率四旗攻撫順，明守將李永芳投降。明廷調集九萬大軍，又強徵葉赫、朝鮮兵，總計十一萬多，任命楊鎬為遼東經略，於萬曆四十七年（1619 年）分兵四路，直搗赫圖阿拉。努爾哈赤利用明軍力量分散的弱點，集中優勢兵力，以速戰速決方式各個擊破，只用了五天時間，就使明軍三路喪師，一路敗逃，努爾哈赤取得薩爾滸（今遼寧撫順東渾河南岸）之戰大捷，隨後攻佔開原、鐵嶺等地。

　　天啟元年（1621 年），努爾哈赤攻克瀋陽、遼陽，遼河以東盡為後金所佔，遂將都城由赫圖阿拉遷到遼陽。天啟五年（1625 年）再遷至瀋陽，稱盛京。翌年，努爾哈赤率軍攻打寧遠（今遼寧興城），明寧前道袁崇煥誓守孤城，用西洋大炮猛轟，後金軍受重創，激戰兩日未能破城，遂撤兵而還。努爾哈赤旋病死，終年六十八歲。廟號太祖。

■ 始祖布庫里英雄之謎

　　《清太祖武皇帝實錄》托始於布庫里英雄（《清史稿》作布庫里雍順），以肇祖孟特木（《清史稿》作孟特穆）為其裔；日本學者則謂清始祖為肇

祖，別無布庫里英雄其人。中外學者疑清帝系出建州右衛，孟森考知清實為左衛之後；又據羣籍證猛哥帖木兒即肇祖孟特木，並定清先世宗系，《明元清系通紀》謂布庫里英雄為一世，范察為三世，肇祖為五世，董山兄弟為六世，石豹奇與妥羅為七世，興祖為八世，景祖為九世，顯祖為十世。其後此説頗有修訂，以布庫里英雄為一世，范察為二世，董揮厚為三世，肇祖為四世，充善、褚宴為五世，石豹奇為六世，興祖為七世，景祖為八世，顯祖為九世，太祖為十世，詳見所編《清史講義》。[5]（表4）

論者指出，孟森「這一研究揭破了三百年來對歷史的諱飾、捏造，意義重大。客觀事實有力地説明，與辛亥革命時期的觀念（雖然那種觀念在當時起過積極作用）相反，清朝君臨全國是中華民族內部統治民族地位的遞嬗變換，不是異民族的入侵。清一代武功、文治、幅員、人才，皆有可觀，故史學上之清史，自當佔中國累朝史中較盛之一朝，從而擺正了清史在中國歷史上的位置。」[6]

更具體地説，孟森鈎沉明、清之間的淵源關係，填補了二百多年的歷史空白，是清史研究的一大收穫。清初又留下了許多歷史謎案，如「太后下嫁」、「順治出家」、「雍正承統」等，都是政治鬥爭複雜化的表現；如果不把這些懸案弄清楚，清朝的歷史就無從寫起。[7]還有乾隆帝是滿人抑漢人的身世疑團，海寧陳家與清朝帝室關係的傳聞，連同涉及民族恩怨情仇的香妃傳説，都可作如是觀。

5　鄭天挺〈孟心史先生晚年著述述略——紀念孟心史先生〉，何齡修編《孟心史學説——孟森的生平和學術》，頁35–36。

6　何齡修〈中國近代清史學科的一位傑出奠基人——試論孟森的清史研究成就，為紀念他的誕辰一百二十周年而作〉，氏編《孟心史學記——孟森的生平和學術》，頁96。

7　王曉清著《學者的師承與家派》，〈燭照幽隱注青史——孟森學記〉，頁49。

表 4　清帝世系表

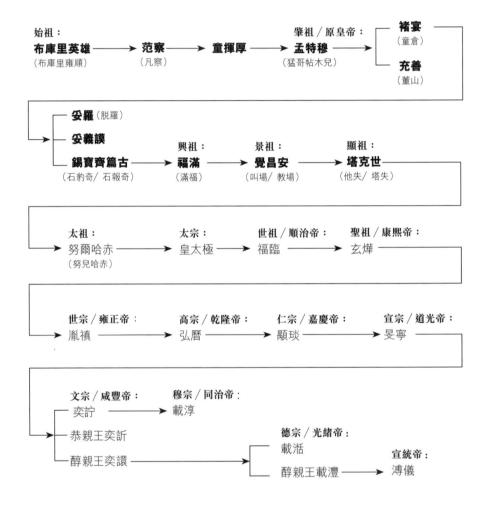

註：據孟森考證，褚宴（童倉）、充善（董山）為二人，並非一人；錫寶齊篇古為褚宴之子，
　　而非充善之子。

第三章　乾隆帝身世和香妃傳說

　　乾隆帝即清高宗弘曆（1711 – 1799 年），雍正帝第四子，1735 年至1796 年在位，晚號古稀天子、十全老人。乾隆年間，完成《明史》、《續文獻通考》、《皇朝文獻通考》諸書的編纂；開四庫全書館，歷十年時間編成《四庫全書》，集中保存中國古代書籍，而又藉機查禁、銷毀、竄改不利清朝統治的文獻記載。曾六次南巡，耗費大量人力財力。在位六十年，禪位給皇太子顒琰（1760 – 1820 年），是為嘉慶帝（即清仁宗），乾隆自稱太上皇帝。

《四庫全書》書影

　　民間盛傳乾隆帝的生母是李姓宮女，有一半漢人血統；另有一個傳聞，説他是漢人之子，生於浙江海寧陳家，出世後被胤禛某王妃以女嬰掉換，後來乾隆帝自己亦偶然得悉此事云。至於香妃傳説，撲朔迷離，究竟是文人杜撰，抑或她就是乾隆帝的容妃？歷史書給了答案，但也有令人難以解釋之處。

第一節　乾隆帝的生母是誰？

■「草房疑案」的由來

　　據《清史稿》的〈后妃傳〉記載，乾隆帝的生母是孝聖憲皇后鈕祜祿氏（1692 - 1777 年），四品典儀凌柱女，雍正中封熹妃，進熹貴妃，乾隆帝即位時尊為皇太后。居慈寧宮，去世時八十六歲。鈕祜祿氏很得胤禛生母德妃的喜愛，康熙帝亦因寵愛孫子弘曆而稱其為「有福之人」，可以説，她是母憑子貴的。

　　乾隆帝一生對漢文化推崇有加，又喜好穿着漢裝，因而使一些人認為，他可能是漢人之後。傳聞胤禛在潛邸時，從獵木蘭，射得一鹿，即宰而飲其血。鹿血奇熱，功在壯陽，而秋狩日子不攜妃從，一時躁急不克自持，適行宮有漢人宮女，遂召而幸之。越歲，康熙帝偶見此女，詰問之下，知為四阿哥所為；時李女已屆坐褥，勢不能任其污褻宮殿，乃指一馬廄令入，弘曆就是在避暑山莊的一間草房誕生的。所謂「草房疑案」，曾一度頗為矚目。

　　據説，此事經胤禛生母德妃求情、胤禛認錯討饒了結，德妃並把弘曆交由胤禛府裏鈕祜祿氏撫養，視為己出。弘曆生於康熙五十年八月十三日，其生辰八字是「辛卯、丁酉、庚午、丙子」，屬天賦甚厚的強勢命格，康熙帝批「有英雄氣象」，對這個孫子是很喜歡的。或謂康熙帝有意以胤

禎為繼任人，與認定弘曆的命格有一定關係。翌年，康熙帝再廢太子胤
礽。兩事有無關連，那就不得而知了。

　　自清兵入關時起，順治、康熙、雍正、乾隆諸帝的事跡，都有不少存
疑，實在妨礙後世對清史的認識。孟森逐一為文加以考證，未必可以成為
定論，但他那種探求歷史真相的態度，是很值得肯定的。（表 5）

表 5　清初四帝生平概略

帝號	帝名	生卒年份	即位年份及年齡	年號	享年
清世祖	福臨	1638 – 1661 年	1643 年（6 歲）	順治	24 歲
清聖祖	玄燁	1654 – 1722 年	1661 年（8 歲）	康熙	69 歲
清世宗	胤禛	1678 – 1735 年	1722 年（45 歲）	雍正	58 歲
清高宗	弘曆	1711 – 1796 年	1735 年（25 歲）	乾隆	88 歲

　　據説乾隆帝曾自言生於承德避暑山莊，後來才改説是在雍和宮邸出
世，《實錄》也是這樣記載，因為鈕祜祿氏不可能在承德避暑山莊產子；
除非乾隆帝的生母另有其人，只不過乾隆帝幼年時是由鈕祜祿氏撫養而
已。在上尊號的冊文中，不用「誕育」二字，而用「鞠育」，實也令人產生
疑竇。總之，乾隆帝生於避暑山莊之説，既不能完全加以否定，其由來和
演變，或許是解開乾隆帝身世之謎的一條線索。[1]

　　傳聞中這個漢族女子叫做李金桂，當時二十七歲，樣子並不美麗，甚
至説她奇醜。生了弘曆之後，康熙帝讓胤禛把她帶回去。如果此事屬實，
乾隆帝就有一半漢人血脈；至於海寧陳氏傳説屬實的話，乾隆帝就完全是
個漢人了。

1　潘洪鋼著《明清宮廷疑案》，頁 191–198。

■ 康熙帝諸子爭位

雍正帝是否奪嫡，乾隆帝是否有漢人血脈甚或是漢人之子，二者都似乎與康熙帝廢立太子有直接或間接的關係，所以也就有必要就此事介紹一下。康熙帝有三十五個兒子，胤禔最長，但不是嫡出；康熙十四年（1675年），立嫡出中最長之胤礽為皇太子；其母為孝誠仁皇后，生胤礽當日即去世。康熙四十七年（1708年），皇太子被廢黜幽禁，據康熙帝自述，其原因是太子奢侈淫亂，復有「窺伺朕身」（即意圖行刺）之事。

自此諸王謀位，皇八子胤禩活動尤甚，皇子胤禟、胤䄉、胤禵和大臣阿靈阿等附之。胤禔告康熙帝，謂相士張明德言胤禩後必大貴；帝怒，即命鎖繫。查究結果，且有張明德於皇太子未廢之前謀欲行刺，並謂有飛賊十六人，已招致二人在此等語；於是將張明德凌遲處死，奪胤禩貝勒。康熙帝疑胤礽行為乖戾，或另有原因。胤祉奏報胤禔與術士及喇嘛來往，訊明太子是被人咒詛所致，並搜出鎮魘物多處；康熙帝乃革去胤禔王爵，在府幽禁，同時釋放胤礽。翌年三月，再立胤礽為皇太子。但胤礽的行為品性絲毫沒有改變，終於康熙五十一年（1712年）再次被廢黜。（表6）

自此之後，康熙帝不再立太子，也不准臣下再提起此事。有跡象表明，他似擬從十四子胤禵和四子胤禛兩人之中挑選其一。康熙五十七年（1718年），康熙帝派胤禵統兵西征，出發時，不從征的王、貝勒及二品以上大臣，都須到城外送行。康熙六十年（1721年），以「御極六十年」告祭祖陵，所派兩個皇子、一個皇孫，其中第一人即胤禛。康熙六十一年（1722年），派大員察視倉廠，其中只有一個皇子，又是胤禛。同年十一月，康熙帝在去世的前四天，又派胤禛代表自己祭天。

至於胤禛，也有爭位的活動，其心腹年羹堯是胤禵的副職，掌握兵權。年羹堯的妹妹是胤禛的側福晉，後來被封為貴妃。隆科多兼任步軍統領，掌握京師警衛武力，他是康熙帝的孝懿仁皇后的兄弟；胤禛的生母是

孝恭仁皇后，胤禛稱隆科多為「舅舅」。胤禛即帝位之後，急於清算年羹堯和隆科多，年貴妃也同時病死，頗予人以「滅口」之嫌，從而產生種種傳說，實在不足為怪。究其根源，在康熙帝晚年不再立嗣。於此歷史背景之下，乾隆帝身世之謎，就更加使人繪影繪聲，顯得撲朔迷離了。

　　孟森在《清史講義》中認為，「雍正間之戮辱諸弟，與康熙間奪嫡案，事不相關。」雍正帝雖有奪嫡之嫌，卻不能以此否定其政績，他說：「惟世宗之治國，則天資獨高，好名圖治，於國有功，則天之祐清厚，而大業適落此人手，雖於繼統事有可疑，並不失為唐宗之逆取順守也。」

表 6　康熙帝爭位諸子生平概略

齒序	名字	封爵	生卒年份	享年	備註
長子	胤禔	直郡王	1672 – 1734	63 歲	削爵拘禁
第二子	胤礽	皇太子	1674 – 1724	51 歲	兩遭廢皇太子位
第三子	胤祉	誠親王	1677 – 1732	56 歲	削爵拘禁
第四子	胤禛	雍親王	1678 – 1735	58 歲	雍正帝
第八子	胤禩	廉親王	1681 – 1726	46 歲	除其宗籍
第九子	胤禟	貝子	1683 – 1726	44 歲	除其宗籍
第十子	胤䄉	敦郡王	1683 – 1741	59 歲	遭囚禁
第十四子	胤禵	恂郡王	1688 – 1755	68 歲	—

第二節　關於海寧陳家的傳聞

■ 世代榮顯的大家族

　　這個傳言大意是說，乾隆帝本為浙江海寧陳世倌之子。陳世倌（1680 – 1758 年），字秉之，號蓮宇，尚書陳詵子。陳詵（1643 – 1722 年），曾任

貴州、湖北巡撫，升工部尚書，為官以直聲著。陳世倌是康熙進士，授翰林院編修；雍正二年（1724 年）擢內閣學士，出為山東巡撫。當時山東糧運阻淺，旱蝗災情嚴重，陳世倌實行疏河捕蝗，予以整治。乾隆二年（1737年）授倉場侍郎，再遷至工部尚書。乾隆六年（1741 年）授文淵閣大學士，後以老病休致。他一生服膺程朱理學，性廉儉篤實，凡涉民間疾苦，必反復陳情。

據傳康熙後期，胤禛與陳氏「相善」，會兩家各生子，而且同年同月同日出世，胤禛大喜，命陳家將其子抱入府邸一見，及至送歸陳家時，男嬰卻變成女嬰。陳家對此事自然不敢張聲，後來胤禛做了皇帝，對陳家特別關照；弘曆做了皇帝後，對陳家優禮尤厚，並且多次南巡到陳家。

據云掉換嬰兒，是某王妃做的，她自己生了個女嬰，換成兒子，可以母憑子貴，提高自己在諸妃中的地位。即是說，胤禛並不知情，當時他自己已有兒子，沒有必要多換一個。事後是否獲悉此事，就不得而知了；但即使知道，也絕不會張揚。至於那個與弘曆交換的女嬰，在海寧陳家自然受到百般珍愛，長大以後，陳家經乾隆帝同意，嫁到江蘇常熟巨室蔣家，蔣家專門為她築了一座小樓，後世稱之為「公主樓」。

陳氏知道這位當朝皇帝是自家血脈，乾隆帝自己也可能略知一二，彼此心照不宣，但總在有些地方會流露出來的。乾隆二十二年（1757 年），陳世倌以大學士退休，到皇宮去辭行，乾隆帝賜銀五千兩，並賜給御製詩云：「老成歸告能無惜，皇祖朝臣有幾人？」乾隆帝六次南巡，有四次到海寧，駐蹕於陳家的安瀾園；陳家四次接駕，名望更重，於是外間便有了某些傳聞。但也有意見認為，乾隆帝起初兩次南巡並未到達海寧，後來則主要是為了視察水利工程，並非與陳家有特別關係。陳氏既為名門世族，安瀾園是當地名勝，自然成為皇帝駐留的好去處。

■ 孟森的考證

孟森〈海寧陳家〉一文，開宗明義，指出「清世談官閥，侈恩遇者，無不知海寧陳家。……世傳海寧陳家之隆盛乃至謂：清代有一帝，實其家所產，或謂係聖祖〔康熙帝〕，或謂係高宗〔乾隆帝〕；而集四方傳言，則以指目高宗者為多。蓋高宗嘗四幸陳氏之安瀾園，而陳之宅有堂區曰愛日堂，為御書，又有一區曰春暉堂，亦御書，皆以帝王賜題，而用人子事父母語意，此皆帝出乎陳之所本也。當清季世，上自縉紳，下迄婦孺，莫不知海寧陳家子有一為帝之説，而以為清雖滿族，滿為胡虜，必無此氣度福澤，實由漢族暗移其祚，乃有此光昌之運。是説也，尤為漢人所樂道。故眾口一詞，牢不可破。」

「愛日」一詞，出自漢代辭賦家揚雄《法言》〈孝至〉，文中有「孝子愛日」語，後世因而專稱兒子侍奉父母為「愛日」。「春暉」一詞，則出自唐代孟郊的〈遊子吟〉，詩中有「誰言寸草心，報得三春暉」兩句，後人遂以「春暉」比喻慈母之愛。從這兩塊區額的題詞內容看，是有兒子尊敬和孝順父母之意的。據説前者是康熙帝在便殿召見大臣，一時興致，寫成賜贈的；陳元龍奏稱，其父年逾八十，擬請皇上賞賜「愛日堂」三字，康熙帝遂提筆寫了這一區額。陳元龍（1652 – 1736 年），尚書陳詵從弟，康熙進士，授編修，入值南書房，後任翰林院掌院學士。擅長書法，尤工楷書，為康熙帝所賞識，著有《愛日堂文集》。尚書陳世倌的堂祖父陳邦彥早年喪父（陳元龍胞弟），其母黃氏矢志不嫁，守寡四十一年，被朝廷封為淑人，康熙為書「春暉堂」區額。孟森説：

> 其以聖祖〔康熙帝〕為陳氏子者，世祖〔順治帝〕年二十四而崩，或意其子孫不蕃，急欲抱他人子，自飾其有後。今考世祖有八子六女，聖祖已為第三子。皇長子牛鈕，順治八年〔1651 年〕，

二歲而殤。皇二子裕憲親王福全，順治十年〔1653 年〕生。聖祖生於順治十一年〔1654 年〕。皇四子以下不必再計。福全至康熙二十三年〔1684 年〕六月乃卒。若無三子，皇二子可嗣位，不能謂無子而抱他人子也。聖祖六次南巡，其五次至浙江，實錄逐日載其駐蹕之地，蓋皆至杭州而返。時未深議及浙江海塘，故無事乎海寧。然陳氏之後，自稱其家祖墳之異，聖祖曾駐蹕觀焉。此亦委巷之流言，雖陳氏子孫，不免失實，可知流言之為力大矣。

孟森認為，乾隆帝出自陳家之說亦不成立。「聖祖何故抱一異姓子，置之一王之邸，而又隱諱其事，以成漢種潛移滿族之事？……其時世宗已前有三子，兩子雖殤，第三子弘時，時已八歲，世宗亦安知奪位之必勝？又安知陳氏之子必有福？如後來之乾隆，而於此時易之，且方與諸兄弟角勝於毫芒之間，而於廷臣間留此支節，以供諸兄弟攻擊之資，亦非世宗所肯為。」換言之，康熙帝和雍正帝都不可能是當事人。

不過孟森指出：「惟世宗諸子高宗兄弟之間，不無一可疑之點。世宗三子弘時，以康熙四十三年〔1704 年〕二月十三日生，為藩邸側妃李氏所出。李氏後封齊妃。」齊妃生有三子，弘盼二歲殤，弘昀為皇二子，弘時為皇三子。雍正五年（1727 年），弘時以「年少放縱，行事不謹」，削宗藩死，時年二十四。此誠非常之舉，世遂頗疑中有他故。孟森提問，「或先舉之子屢殤，而於帝位之傳授，中有隱覬。邸中生育不蕃，亦是不足取重於聖祖之一端。故亟欲以女易男，充實胤冑，當時或私與陳氏相洽，有此隱事。逮皇四子〔弘曆〕長成，在聖祖末年，已賞其有福相，世宗亦自覺當意，無需有異姓兒舛入其宗，故突然除之歟？」即是說，雍正帝登位之前或考慮到「齊妃所出皆無壽相，他妃又不育，故一時有此謬計。其時尚未動廢太子之議，一王邸中之事，尚未足為諸王注目，故偶為之耶？然此

所謂附會之談，不足為訓。」

　　孟森又認為，弘時削宗籍的前一年，即世宗大戮其弟之歲，「蓋世宗處兄弟之酷，諸子均不謂然。弘時不謹而有所流露，高宗謹而待時始發也。以此推定，不中不遠。」孟森接着説：「至此而清帝抱養於陳氏之説，可以完全辟除。」復強調：「高宗既至海寧，海寧自當有供張之地。陳氏本三朝宰相，與國同休，其家園尤為海寧名勝，則迎駕固宜無以易此矣。……高宗既幸此園，愛之，而遂於圓明園仿為之，與無錫秦氏寄暢園同例。……今安瀾園存海寧者已毀，在圓明園者亦無存，而故宮整理檔案，尚得內府所藏之安瀾園圖，可想見海寧陳家，以園邀駕之實狀。」孟森又引董綬經之言：「清初妃嬪，每有陳姓。其為漢人之姓，雖不盡可知，但若清帝之母為陳氏，則以外家之故而誤為本宗，亦或可備一説。」孟森説：「余極以為然。」

　　〈海寧陳家〉文末，記曰：「民國二十六年〔1937 年〕八月十五日，書於北京大學史料室。同人謂：南北消息不通，傳者謂北方教授多微服出奔；屬余作一文，如期出版，且證明在平之不棄所業，以示國人。故樂為之書。」據吳相湘説，這是他老師最後撰寫的成篇論文，孟森於同年秋染疾入醫院，終致不起。[2] 另據楊聯陞憶述，蘆溝橋事變後不久，日軍侵佔北平，當時他和孟森都住在城內。他曾託人轉請孟森給他寫過一把扇子，孟森寫的是李越縵（慈銘，1829–1894 年）的〈九日寄雪鷗〉七律：

> 越山雲物逼秋清，細雨黃花易得晴。
> 落葉與人爭野渡，斜陽隨雁下江城。
> 無多朋輩艱求食，如此窮途未悔名。
> 念爾閉門誰送酒，登臨應解遣遙情。

2　孟森著《清代史》（台北：正中書局，1960 年），吳相湘〈編校前言〉，頁 2。

當時孟森年已七十，身體不佳，心境更壞，引用這首詩大約是借來發洩自己的憂憤。〈海寧陳家〉一稿，撰寫也在此時，其後才得印行（載《北京大學五十周年論文集》甲編），孟森已不及見了。[3] 國難當前，身陷敵境，而猶「不棄所業，以示國人」，不失其史家本色，不愧為一代宗師！

第三節　香妃是否真有其人？

■ 香妃傳說的虛與實

1937 年春，孟森嘗撰〈香妃考實〉，答謝北大師生慶祝他七十壽辰，刊於北京大學的《國學季刊》第六卷第三號。開篇謂「森以年齒日增，老將至而耄及，方切愧悚，乃蒙同仁同學獎飾逾恒，無以為報，願作一較有興趣之文，以供撫掌。」又説：

> 香妃相傳為西域回部酋長女，清高宗平回部，納其女為妃。委巷之説，語多不經，熟於人耳。今考其可信者，以糾羣説。高宗有回妃，且為回族最尊貴之掌教女。《清史稿》〈后妃傳〉：「高宗容妃，和卓氏，回部台吉和札麥女。初入宮號貴人，累進為妃，薨。」

當《清史稿》開館修纂時，江蘇人唐邦治以館長幕賓入館，翻檢舊國史館記錄，搜輯頗力，不與史稿纂修之事，而自成《清皇室四譜》，其〈后妃譜〉云：「容妃，和卓氏，台吉和札麥女。初入宮賜號為貴人。乾隆

3　孟森著《明代史》（台北：中華叢書委員會，1957 年），楊聯陞〈序〉，頁 2。

二十七年〔1762 年〕五月，以克襄內職，冊封容嬪。三十三年〔1768 年〕
十月，晉容妃。五十三年戊申〔1788 年〕四月十九日，卒。」

　　容妃（約 1734 – 1788 年），新疆葉爾羌（今莎車）人，原名買木熱‧
艾孜木，維吾爾族，輔國公額色伊姪女。乾隆二十四年（1759 年），其父
兄配合清軍平定霍集占叛亂有功，被召入京覲見，次年移居北京。她入宮
為貴人，後為嬪、妃。曾隨乾隆帝南巡、東巡，逝世後葬清東陵（今河北
遵化）裕陵妃園寢內。清末筆記小說中附會容妃為香妃，但與史實不符。

容妃像

傳說香妃本是回族首領霍集占的王妃，異常美貌，而且遍體生香，「香妃」之名由此得來。霍集占叛亂，乾隆帝派兵平定，香妃被捉，送到清宮。乾隆帝熱情對待她，但香妃冷若冰霜，而且是個烈性女子，流露仇恨之心。有一天，香妃被宮女苦勸不過，竟拿出一柄匕首，使大家嚇了一跳。乾隆帝不能奈何，為了減輕她思念家鄉之苦，命人在皇宮西側築成一座寶月樓，於旁邊仿回族風格建了回回營，又在武英殿西按照土耳其風格修了浴德堂，供香妃沐浴，香妃卻始終不為所動。如是者過了幾年，太后怕會發生變故，趁舉行祭天大典，乾隆帝齋戒沐浴的時候，令人勒死香妃，一說賜她自盡。乾隆帝為了表示對她的哀悼和尊重，下令用軟轎將香妃的遺體抬返新疆喀什噶爾安葬。[4]

北京城南陶然亭東北角有一座大塚，前面有一方石碑，正面刻有「香塚」兩個大字，碑的背面，刻有一首哀怨淒切的詞：「浩浩愁，茫茫劫；短歌終，明月缺。鬱鬱佳城，中有碧血。碧亦有時盡，血亦有時滅，一縷香魂無斷絕。是耶？非耶？化為蝴蝶。」據說這座大塚就是香妃墓，是在乾隆帝授意下修建的，寄託對她的無盡哀思，乾隆帝並且到那裏去憑弔。

■ 正史中的容妃事跡

傳說香妃懷刃復仇未成殉節，埋葬於南疆喀什。現時新疆喀什噶爾那座香妃墓，有人說是香妃的衣冠塚；經考查，是容妃曾祖父的墓地。另在河北省遵化縣清東陵裕妃園寢中，也有一座香妃墓，經專家考證是容妃墓，她是乾隆帝四十多個嬪妃中唯一的回族女子。乾隆後期不設皇后，容妃在諸妃中位居第三，地位很高，根據容妃的資料初步斷定她就是民間傳說的香妃。

4　李殿元編著《清宮疑案》，頁 204 – 206。

　　問題在於容妃去世，比太后遲了十一年；傳説香妃被太后賜死，時間上是不吻合的。容妃並非被擄入宮，清宮中的寶月樓修建於她進京之前；香妃生來香氣襲人，容妃則不見有相關的記載，等等。

　　關於香妃的種種傳説，紛紜複雜，彼此交錯，新疆與內地的傳説又互相影響，成為清史上的一大疑案。民國三年（1914年），故宮浴德堂展出過一幅「香妃戎裝像」，傳説因為「有圖為證」，細節就顯得更加逼真了。據説「香妃戎裝像」的作者，是曾供職於清廷的意大利畫家郎世寧（Giuseppe CAstiglione）。另外還有三幅：一、「香妃洋裝像」；二、「御苑行獵圖」；三、圓明園長春圖卷。據説都出自郎世寧之手。[5]

　　附於孟森〈香妃考實〉一文同時刊佈的，有「香妃旗裝像」，得自轉贈，是民國初年有位女士於清東陵香妃墓前得見此畫而拍攝下來的。文中詳細交代了此事：

> 　　近日吳生豐貽一容妃園寢神像，問其所從得，則云有太倉陸夫人藏此。夫人為陸文慎寶忠之子婦，徐相國郙之女。於民國二三年間至東陵，瞻仰各陵寢；至一處，守者謂即香妃塚，據標題則容妃園寢也。凡陵寢園寢饗殿皆有遺像，一大一小，小者遇有祭祀即張之，大者年僅張設一次。陸夫人以香妃之傳説甚龐雜，親至其園寢，始知流言之非實，請於守者，以攝影法攝容妃像以歸。所攝乃其小者，大像封局未得見也。夫人本屬吳生加跋以訂俗説，今取而佐吾考實之文，亦猶夫人之志爾。

　　〈香妃考實〉附錄二種，一是〈香妃戎妝像並原附事略〉，二是〈敕建回

人禮拜寺碑記〉，可以作為參考。

作為〈香妃考實〉全篇的結語，孟森一本正經地說：「民國以來，三殿開放，任人遊覽，乃於浴德殿中供香妃像，使人聯想其賜浴情狀，尤為穢褻！此亦談香妃故事者，其在意中之影像也。並以糾之。」

時至今日，我們可以這樣提問：香妃的故事是否只屬文學作品的虛構，抑或真有其人其事？較新的一種說法認為，香妃不是容妃，分別是兩個人。[6] 有的學者則根據考古文物，強調香妃傳說是從容妃事跡衍生出來的。[7] 疑幻疑真，人們還不能由於史家的考證而忘卻香妃的種種傳聞。

■ 明末清初著名女子

論者強調，孟森所撰關於董小宛、顧眉（橫波夫人）、孔四貞、香妃、顧太清（即「丁香花」傳聞中的女主人）五個女性的事跡，皆具有時代人事的重要意義，非一時興致漫然命筆之作。五個涉及明末清代歷史的女性，就各人的生平考實釋疑，還其本意，也是快事。[8]

董小宛、孔四貞和香妃，已如前述。另一個人物顧眉（1619－1664年），字眉生，後改名徐橫波，世稱橫波夫人。她是秦淮名妓，善歌曲，時人推為南曲第一；擅長畫蘭，能吟詩，著有《柳花閣集》。嫁給龔鼎孳為妾後，隨宦沉浮。

龔鼎孳（1615－1674年），明朝崇禎進士，及第前後留連於秦淮，飲酒醉歌，以詩文著稱。初仕於明，崇禎十七年（1644年）京師陷，龔鼎孳

6　姜龍昭著《香妃考證研究》（台北：文史哲出版社，1989年）及《香妃考證研究續集》（台北：文史哲出版社，1992年）。據著者記述，香妃圖續有新發現。

7　徐鑫著《走進香妃墓》（北京：新世界出版社，2003年）、《香妃畫像：清東陵容妃地宮清理之謎》（濟南：山東大學出版社，2010年）和《香妃迷案：清宮檔案與考古中的香妃》（北京：東方出版社，2014年）。

8　商鴻逵〈述孟森先生〉，何齡修編《孟心史學記——孟森的生平和學術》，頁12。

降李自成大順政權，為直指使，巡視北城。旋復降清，授吏科給事中，遷刑部尚書。因名節有虧，屢遭彈劾。每謂人曰：「我原欲死，奈小妾不肯何！」小妾即指顧眉。

此事令人聯想到錢謙益娶柳如是。錢謙益（1582－1664 年），明朝萬曆進士，官至禮部侍郎；弘光立，授禮部尚書。清朝順治三年（1646 年）清軍下江南，錢謙益以明禮部尚書在南京迎降清軍，柳如是勸錢謙益死，錢不聽。柳如是（1618－1664 年）能詩工畫，詞情幽婉，著有《柳如是詩》、《河東君詩文集》等。

論者每謂顧眉不及柳如是遠矣，然孟森〈橫波夫人考〉以寬恕之筆述之，並強調顧眉、柳如是兩夫人都具義俠風，禮賢愛士。顧眉曾救助遭搜捕的抗清人士，匿藏於側室之中，所以孟森說「橫波以傾身營救聞，殊見風義」。史家陳寅恪撰《柳如是別傳》，則是數十年後的事了。

■「丁香花」與龔自珍

晚清光緒、宣統間，傳言詩人、思想家龔自珍（1792－1841 年）與顧太清以詩文倡和，為貝勒所仇，狼狽南下，終被仇家下毒害死。顧太清，字太素，是貝勒奕繪的側福晉；奕繪是乾隆帝曾孫，降襲貝勒，生當嘉慶、道光間。他和顧太清並負文名，又多與漢族士大夫往來，兩人唱和甚多，是清代滿族中難得的文學家庭。奕繪府邸位於北京西城的太平湖之東，府中以丁香花盛稱，孟森撰有〈丁香花〉一文，而稱此事為「丁香花案」。

龔自珍有《己亥雜詩》三百十五首，其中一首云：「空山徒倚倦游身，夢見城西閬苑春。一騎傳箋朱邸晚，臨風送與縞衣人。」自注：憶宣武門內太平湖之丁香花一首。孟森此文先舉龔自珍離京情況，並非狼狽，當時與諸公別詩多至十八首，所別者數十百人。「其中還有宗室多人，避仇何能如此坦然就道？」又說，就詩篇所成年代考之，皆在道光元年至三年

(1821 – 1823 年) 間，下距道光十九年 (1839 年) 出都，時間相隔甚遠。況己亥年貝勒已歿，何謂尋仇？〈丁香花〉一文考述顧太清事跡甚詳，並評賞其作品，可以作為一篇傳記看待，列於明清女性史著作之林。把孟森視為研究中國女性史的先驅者之一，似乎也未嘗不可。

第四章　從清初大案看政局變化

　　孟森著《心史叢刊》(上海：大東書局，1936 年)，是對明清兩代著名案件和人物進行考證的著作，共有三集：第一集〈奏銷案〉、〈朱方旦案〉、〈科場案〉，是清初三大案件，對當時的政治社會影響較大；第二、三集，以人物為主，包括〈孔四貞事考〉、〈金聖歎考〉、〈董小宛考〉等，較注意網羅軼事，採錄史書不一定會選用的材料。《心史叢刊》共收文章十七篇，考索所述其人其事之來龍去脈，還其本來面目，使大白於天下。此書有兩個影印本：一是中國古籍珍本供應社版 (台北，1980 年)；近年有排印本，2006 年北京中華書局出版。

　　孟森在《心史叢刊》的〈序〉中指出：「有清易代之後，史無成書，談故事者，樂數清代事實。又以清世禁網太密，乾隆間更假四庫館為名，術取威脅，焚毀改竄，甚於焚書坑儒之禍。弛禁以後，其反動之力遂成無數不經污蔑之談。吾曹於清一代，原無所加甚其愛憎，特傳疑傳信為操觚者之責，不欲隨波逐流，輒於談清故者有所辨正。」顧頡剛認為《心史叢刊》三冊，「其中所收論文，均能復現已亡失的史實。」[1] 誠為確論。

---

[1]　顧頡剛著《當代中國史學》(香港：龍門書店，1964 年)，頁 95。

第一節　奏銷案打擊江南士子

　　奏銷案（又稱江南奏銷案）是清初發生於江南地區的政治事件，即將上年奏銷有未完錢糧的官紳士子全部黜革，藉此整頓賦稅，並打擊縉紳豪強的勢力。清入關後，在富庶的江南地區實行比明代更為嚴厲的催科，經徵之官皆以十分為考成，不足額者要被參罰。但江南縉紳豪強依然憑藉昔日的權勢，交通官府，賄買書吏，隱混和拖欠錢糧，致使積逋常達數十萬。而在政治上，他們還未完全忘懷已覆滅了的明朝。清政府為了裁抑縉紳特權和壓服江南地主，便藉口「抗糧」，製造了奏銷案。

　　此案初時只限於無錫、嘉定兩縣，至順治十八年（1661 年）夏，乃通行於蘇州、松江、常州、鎮江四府並溧陽一縣。清廷根據江寧巡撫朱國治（漢軍旗人）的造冊上報，將欠糧者，不問是否大僚，亦不分欠數多寡，在籍紳衿（泛指地方紳士和在學的人）按名黜革，秀才、舉人、進士，凡錢糧未完者，皆被革去功名出身；在任官概行降兩級調用，計共黜降一萬三千五百一十七人。當中有不少人被逮捕，械送刑部議處。

　　吳偉業、徐乾學、徐元文、韓炎、汪琬等著名人物，幾乎全部羅織在內。探花崑山葉方藹，只欠銀一釐，亦被黜革，民間因而有「探花不值一文錢」之謠。有鄉試中式而生員已革，且有中進士而舉人已革者。貪官污吏侵佔多至千萬，反置不問。又乘大創之後十年並徵，「押吏勢同狼虎，士子不異俘囚」，使江南縉紳豪強受到極為沉重的打擊。

　　此案除了整頓清初賦役存在的弊端外，實亦由於清兵入關時，江南各地抗清活動最烈，首領多屬紳衿，故興此案，以打擊其潛在勢力。直至三藩叛亂時，清廷為了爭取江南地主的支持，才放鬆禁令，允許在奏銷案中被黜降的官紳士子分別納銀開復。其後清廷諱言此事，官書絕不記載。

上面提到孟森撰寫的〈奏銷案〉、〈科場案〉、〈字貫案〉等文，使清代一連串社會、文字獄案的情狀留於歷史記載。這些文章都「涉及一個重大的政治問題，即朝廷、滿族貴族與漢族地主階級及其知識分子的關係問題。朝廷通過興起大小諸獄，調整它與漢族地主、文人的關係，加強對他們的控制。孟森的研究提供了許多生動、細致的素材和富有啟發的見解。其中一系列案件牽涉中、下層知識分子，尤其值得重視。」[2]

第二節　朱方旦案及朱三太子案

■ 朱方旦案經過

康熙年間，先後有「朱方旦案」和「朱三太子案」，兩者性質不同，而對清初政治和社會造成影響則一。

朱方旦案發生於康熙二十一年（1682 年）。朱方旦，號爾枚，自號二眉道人，湖北漢陽（今武漢）人。講神仙術數之學，在康熙年間以修煉為名，廣招徒眾，秘密刻書。曾入大將軍勒爾錦幕府，獲贈「至人里」、「聖人堂」匾額。後遊歷江浙各地，為翰林院侍講王鴻緒所奏劾，以「詭立邪說，妄言休咎，煽惑愚民，誣罔悖逆」罪狀，遭逮捕和處死。

朱方旦被殺的原因，是由於他談傳教信仰，具出世法，略去帝王臣庶的界限，以及發明記憶在腦不在心，立說新異。孟森根據官私記載，謂朱方旦認為一切知識記憶不在心而在腦的觀點，是受西方傳教士的影響，他並無秘密結社之嫌，卻因信徒眾多，威脅到清政府，結果遭到殺害，是專制時代「政教不分，學問中禁閼於自由思想，動輒以大逆不道戮人」。

2　何齡修〈中國近代清史學科的一位傑出奠基人 —— 試論孟森的清史研究成就，為紀念他的誕辰一百二十周年而作〉，氏編《孟心史學記 —— 孟森的生平和學術》，頁 98。

■ 朱三太子案始末

至於朱三太子案，事緣於明思宗第三子朱慈炯封定王，明亡後不知所終，漢人為反清復明，常有詐稱朱三太子，藉以發動羣眾者。康熙十二年冬（1674 年 1 月），北京楊起隆稱朱三太子，組織旗下奴僕、佃戶密謀起事，失敗後逃脫。康熙十九年（1680 年），在陝西漢中捕獲自稱朱三太子慈瑞的反清者，訊即楊起隆，清廷指其假冒，在京磔死。三藩之亂時，福建漳州蔡寅亦稱朱三太子，有眾數萬，後被清軍擊敗。康熙四十八年（1708 年），浙江大嵐山張念一（念一和尚）奉朱三太子起事失敗，供出朱三太子。有名為王士元的人在浙江餘姚被捕，時已七十六歲，被指為朱三太子，雖無確證，終因「匪類稱朱三者眾多」，父子均遭殺害。

較詳細的情形是這樣的：清廷根據張念一的口供，在山東汶上縣捉獲張姓父子，押解至浙審問。張供認本名朱慈煥，是崇禎帝四子，封永王，曾與三哥定王朱慈炯隨從李自成出征吳三桂，敗後失散，朱慈煥長期流落河南、浙江等地，先後改姓王、張，以課讀糊口，與江南、浙江等處反清力量並無關係。清廷指其偽冒明裔，以「通賊」罪將父子二人解京處死。朱三太子案起伏多年，至此遂寢。然至康熙六十年（1721 年），仍有福建遷至台灣的朱一貴，詐稱朱明後裔，稱中興王，年號永和，後遭清軍鎮壓，被俘遇害；雍正七年（1729 年），傳說朱一貴之子稱朱三太子，活動於交趾小西天，即今越南境內。

■ 歷史公案真相

崇禎帝朱由檢自縊後，其長子即太子朱慈烺，由外戚周奎（太子的外祖）執獻，清統治者硬說他是假的而予處死。崇禎帝二子早殤，其三子、四子曾一度跟隨大順軍，後來流落民間，從此「朱三太子案」就成為人民

抗清組織的一面旗幟。清廷為此深感不安，百般設法追捕，直至康熙末年，才發現一個真的明皇子，仍把他説成是假冒的處死，並盡殺其子孫。孟森對這件公案作了探究，寫成〈朱三太子事述〉，後來補充改編而成〈明烈皇殉國後記〉一文，查明真相，作了總結。其《明清史講義》評論康熙帝缺失，有以下一段説話：「康熙三十八年〔1699 年〕南巡，謁明太祖陵，敕訪明後備古三恪之數，且舉元後蒙古之恩禮不替為證。天下未嘗不聞而義之。然決無人敢冒死希此榮寵。……至四十七年〔1708 年〕乃卒洩漏朱三太子真相。審理既確，卒以假冒誅之，盡殺其子孫。……聖祖不容明裔，亦胸中自有種族之見，惟恐人望之有歸。此則後來排滿亦自種之因也。」

〈明烈皇殉國後紀〉詳細考證了崇禎帝幾個兒子的下落，指出清初的北太子為真，南太子為偽，多爾袞為了掩人耳目，以假冒之名將北太子殺死。六十年後，康熙帝又大索南北，捕得被指為朱三太子、以教書謀生的七十幾歲老翁，即崇禎帝四子永王朱慈煥，清廷重施故技，偽稱其為假冒，父子六人俱斬，婦孺皆自盡；然後又在八旗中找了一個冒姓朱的人，封為延恩侯，以示優容前代，「顛倒耳目者二三百年，帝王之用機心，深刻長久，為振古所未有。」孟森查究明清易代之際一大歷史公案，從而揭露了康熙帝這個號稱仁聖之君的殘忍與虛偽。可見孟森著史並非為清朝回護，正如論者指出：「他在澄清人們由於民族偏見津津樂道於一些傳聞野史以詆毀清朝的歷史之外，同時又對清朝自己極力隱諱的一些殘暴事實，也予以精確考證。」[3] 史學求真、客觀求實的精神，於此表露無遺。

孟森通過研究崇禎帝諸真假遺孤種種説法的真相，以及雍正帝褒封所謂明裔的實況，揭露清廷的民族褊狹性，對待前明帝裔的兩面政策。文中揭發，清廷指使魏忠賢養女、天啟任妃假冒崇禎袁妃，出面指證北太子之

3　陳生璽、杜家驥編著《清史研究概覽》(天津：天津教育出版社，1991 年)，頁 30。

「偽」。孟森為歷史畫廊着色竟然細微至此，使人物和情節完全活現出來，其文章所擁有的感染力，從根本上説正是其學術功力的表現。[4]

第三節　科場案嚴辦考試舞弊

■ 科場案屢興大獄

科場案是清初嚴辦科舉考試舞弊的案件。清朝恢復科舉取士後，科場積弊也隨而沿襲下來。為了杜絕弊端和選拔真才，清廷不僅制定相當完備的科場條例，而且嚴厲懲辦徇私舞弊者，特別是交通囑託、賄買關節的人員。次數之多，處理之嚴，打擊面之廣，為科舉制建立以來所未有。其釀成大獄者，有順治十四年（1657 年）丁酉科順天（今京津地區）鄉試、康熙三十八年（1699 年）己卯科順天鄉試、康熙五十年（1711 年）辛卯科江南鄉試、乾隆十六年（1751 年）辛未科會試、咸豐八年（1858 年）戊午科順天鄉試、光緒十九年（1893 年）癸巳科陝西鄉試等案。最早的順治十四年丁酉科場案與發生在康熙五十年、咸豐八年的科場案，是其中三大重要案件：

順治十四年（1657 年）丁酉科鄉試，在順天闈（北闈）和江南闈（南闈）都發生嚴重舞弊事件。該年順天鄉試房考官李振鄴等結納權貴，受賄行私，被參劾，李振鄴等及行賄中式舉人等七人均處死，家產籍沒，與此事有牽連者亦流徙。不久，被查出徇私舞弊的江南主考方猷、錢開宗被正法，妻子、家產籍沒入官；同考官十八人，除已死去的盧鑄鼎外，全部處絞，誅死者較北闈尤多。兩案辦理雖嚴，然而以後仍時有發生。

康熙五十年（1711 年）辛卯科江南鄉試後，有數百人抬財神入學宮，

4　何齡修〈中國近代清史學科的一位傑出奠基人 —— 試論孟森的清史研究成就，為紀念他的誕辰一百二十周年而作〉，氏編《孟心史學記 —— 孟森的生平和學術》，頁 99。

喧鬧聲稱試場不公，巡撫張伯行向朝廷奏報。結果作弊案中的官員趙晉、王曰俞、方名斬立決，中式者吳泌、程光奎等均絞監候；主考左必蕃失於覺察，革職。

咸豐八年（1858 年）戊午科順天鄉試案，被斬決的有五人，流徙、革職、降級調用、罰俸等數十人，大學士柏葰是清代科場案中唯一被斬處的一品大員，在科舉史上，死於科場案的官員以他的職位最高。

孟森辨正諸家私記誤處，取其情節近實者，以補官書缺漏，藉明真相，並分析說：「至清代乃興科場案，草菅人命，甚至弟兄叔姪，連坐而同科，罪有甚於大逆。無非重加其罔民之力，束縛而馳驟之。」並慨歎道：「父母兄弟妻子為家，有一中式之士子復不及格，而一併譴戌寧古塔，在今日視之，豈非駭聞？」當時全國考生要重新考試，以確定錄取人數，復試不及格，牽連獲罪者眾，重則處斬，輕則流放。清廷這種把事態擴大的行徑，無疑是為了立威，而把科舉視若遊戲，為害實在很大。

■ 從《字貫》案到哭廟案

〈字貫案〉是孟森寫清代文字獄的第一篇文章，揭露當時的封建專制統治。《字貫》是乾隆時王錫侯編的一部字典，因不遵《康熙字典》的體例，不避皇帝名字諱而獲罪，致使有清一代無復言字書者。「《字貫》之案，拘束學人，至斯而極，科學日繁，文字日益拘陋，恐久久終受淘汰矣。」

乾隆年間，有《閒閒錄》案，著者蔡顯被殺，門人弟子譴戌者達二十四人之多。原因是他引了古人《紫牡丹》詩中的兩句：「奪朱非正色，異種亦稱王。」被指詩中多雌黃處，郡人惡之，以為狂悖。《閒閒錄》刻本經孟森索觀，是蔡氏未定之本，所傳犯禁之語，則均無之。

明清之際，有關金聖歎的逸事流傳很多。金聖歎即金人瑞（1608 – 1661 年），江蘇長洲（今江蘇蘇州）人，原名采，字若采；明亡後改名人

瑞,字聖歎。明諸生,常以佛經詮釋儒、道,議論風發,自負其才。曾稱《莊子》、《離騷》、《史記》、《杜詩》、《水滸》、《西廂》為六才子書,並致力為諸書評點。順治十八年(1661年),清世祖駕崩的消息傳至蘇州,金聖歎與百名諸生奔哭孔廟;又擁至府堂,控告吳縣知縣不法。遂鑄成「哭廟案」,旋以哭廟抗糧下獄治罪,被斬,籍沒。

孟森作〈金聖歎考〉,匯輯清初多種記載,謂「聖歎之為人,具見於所批諸書之內,只有文人好奇,並無神怪之跡。」又把金聖歎與唐末五代羅隱作了比較,認為兩人相似,都是由於人們在傳述過程中附以各種神異,而導致有此結果。羅隱(833-909年),原名橫,工詩善文,名重一時;然以貌陋應十舉均不中,乃改名隱,不受朱溫召。入鎮海軍節度使錢鏐幕,歷官著作佐郎、諫議大夫、給事中等,後終老故里,有《羅隱集》。其詩長於詠物、詠史,諷時抒志;會通儒道之說,議古諷今。

總括來說,清人以少數民族入主中原,文網甚密,康熙、乾隆年間尤甚,大案接連不斷,導致文人學者不敢過問政治,而埋首於經籍考訂。孟森撰寫的一系列文章,對諸大案作了精闢探討和論述。[5] 他說:「《字貫》之案,拘束學人,至斯而極。」又感歎道:「專制之禍,事後思之,可憐亦復可笑。」讀此諸文,不禁令人太息。〈科場案〉、〈奏銷案〉、〈字貫案〉、〈閒閒錄案〉諸篇,是孟森對清朝前期文化形態所作出的重要探討,使人們對清代科舉制度和文字獄有全新的認識,都是開拓性的研究。[6]

5　陳其泰主編《20世紀中國歷史考證學研究》(北京:北京師範大學出版社,2005年),頁245–247。

6　王曉清著《學者的師承與家派》,〈燭照幽隱注青史 —— 孟森學記〉,頁49。

第五章　明清史敍述體系的形成

　　孟森的著作之中，影響最大而且深遠的，是他的《明代史》（又稱《明史講義》）和《清史講義》，二書另有合編本《明清史講義》，至今仍然廣泛流行，是研習明清史必讀之書。論者指出：「在我國，明清史的研究，可以說，孟森是最早作出貢獻的。」[1]

　　孟森撰寫的單篇史學論著，計有百數十篇。他自己編過《心史叢刊》（一至三集），僅收十七篇；後有秦人路校《心史叢刊（外一種）》（長沙：嶽麓書社，1986 年），大抵保持原貌。蔡登山點校《心史叢刊 —— 明清斷代史權威孟森復刻典藏本》（台北：季威資訊科技股份有限公司，2013年），可供參考。商鴻逵將孟森的史學論文輯為《明清史論著集刊》及《明清史論著集刊續編》，後又改編為《明清史論著集刊》上、下冊，現時這是較便入手的版本，收於「孟森著作集」中。以此配合《明史講義》和《清史講義》一起閱讀，「孟森史學」已得其精華。

第一節　樹立明代史書寫的典範

　　孟森著《明代史》（台北：中華叢書委員會，1957 年）一書的原稿，

1　商鴻逵〈孟森〉，張舜徽主編《中國史學家傳》（瀋陽：遼寧人民出版社，1984 年），頁283。

是孟森在北京大學講授明清史時，由北大出版組鉛印發給學生的講義，外間流傳甚少。《明代史》書首有楊聯陞〈序〉，說他對於心史先生的史學素來敬仰，大約 1936 年在清華大學讀書的時候，曾到北大偷聽孟森的課，那時他並沒有講義，這份講義是一兩年後在東安市場的書攤上買來的一個裝訂本，大概是一個學生賣出來的。1941 年楊聯陞到美國留學，隨同帶出去參考。其後帶到台北，商量是否可以付印，並請勞榦（貞一）擔任校對，他對於孟森在明清史上的成就，也是很佩服的，此書因而得以面世。[2]楊聯陞和勞榦都是海外著名學者。

《明代史》分為兩編：第一編〈總論〉，包括〈明史在史學上之位置〉及〈明史體例〉兩章；第二編「各論」，共有七章：

第一章〈開國〉—— 述明太祖建國及洪武年間大事；

第二章〈靖難〉—— 記建文朝事得失，靖難之變及其後明運之隆替，仁宗、宣宗兩朝大事等；

第三章〈奪門〉—— 述英宗正統初政，土木之變，景帝即位後的措施，奪門之變，憲宗、孝宗朝的政局和諸朝學術；

第四章〈議禮〉—— 論武宗之失道，世宗時之議禮及其影響，穆宗朝的政治和學術；

第五章〈萬曆之怠荒〉—— 分沖幼之期、醉夢之期、決裂之期敍述神宗在位四十餘年的朝政，附光宗在位一個月的經過；

第六章〈天崇兩朝亂亡之炯鑒〉—— 論天啟朝之閹禍，崇禎致亡之癥結，流賊及建州兵事；

第七章〈南明之顛沛〉—— 載弘光朝、隆武朝、永曆朝及魯王監國事跡。

---

2   孟森著《明代史》（台北：中華叢書委員會，1957 年），楊聯陞〈序〉，頁 2。

　　本書各章題目均極扼要明瞭，「開國」、「靖難」、「奪門」、「議禮」八個字，交代了明代前期的大事；「萬曆之怠荒」、「天崇兩朝亂亡之炯鑒」及「南明之顛沛」，點出明代後期衰敗的因由和明清之際史事的概略。總括而言，孟森《明代史》以明代幾個歷史時期的主要事件為中心，縷述其政治特徵和時局變化，從而分析人事遞嬗及朝代興衰，有條不紊，內容包括明代大事與制度、學術等，是近人研究明史的早期代表作之一，為明朝一代歷史敍述樹立了典範。

　　舉例來說，〈開國〉一章重在記敍明太祖朱元璋得位後建立政治、軍事、經濟制度的情況，條舉民事方面的措施，認為丈量田畝、均攤賦稅、輕徭薄賦、建立魚鱗黃冊制度和發展農業生產等，均有利於人民；軍事方面，師法唐代府兵制，建立自給自足的衛所制度等，奠定了明代江山的根基。此外，對科舉制度和用人、吏治、峻法等方面亦有分析；洪武年間廢相、誅功臣、嚴吏治等政治大事，均作了敍述。

　　又如〈天崇兩朝亂亡之炯鑒〉一章，首揭天啟朝朋黨爭鬥之害，次述閹黨跋扈和東林黨與之爭鬥等史事，認為天啟朝政敝國衰，明朝走向滅亡已成定局。繼而分析崇禎帝剛愎自用，不辨賢佞，而又不恤人民，終致敗亡。「思宗而在萬曆以前，非亡國之君也；在天啟之後，則必亡而已矣。」孟森此書敍事不但融會貫通，條理分明，其論斷尤富特色，很重視對朝廷政治得失的評價。[3]

　　孟森著《明代史》有修訂本，1975 年由台北華北出版社出版；後經整理，與孟森的另一著作《清史講義》合為一套《明清史講義》（北京：中華書局，1981 年），文句略有改動。商鴻逵之子商傳為《明史講義》撰寫的

3　劉凌、吳士余主編《中國學術名著大詞典・近現代卷》，李遠濤〈明清史講義〉條，頁 591–592。

〈導讀〉，指出此書在某種程度上只是就明朝正史「用新體裁做的改編」，不過孟森「所表現出來的歷史見識和對歷史的概括，都不僅超越了他以前的任何一位學者，而且對今天明清史的研究還起着任何一位學者都無可比擬的作用。」[4]

進入二十一世紀以來，《明清史講義》有兩個版本，一是北京中華書局編印的「孟森著作集」本，分為《明史講義》和《清史講義》，2006 年出版，2015 年重印；另一是北京商務印書館於 2011 年出版的《明清史講義》上、下冊，《明史講義》和《清史講義》分別各自成書。近年還出現一些改編本，另起書名，作者仍署孟森著，內容多所刪節。有的只是改了書名，正文多仍其舊；有的選錄孟森著述拼湊成「新作」，讀者是要細心加以辨別的。

第二節　奠定清史敍述的基礎

孟森著《清史講義》（上海：中國文化服務社，1947 年），原是根據 1930 年代孟森在北京大學歷史系任教時的講義複印；其後由學生吳相湘校讀付梓，題為《清代史》（台北：正中書局，1960 年）。吳相湘是台灣著名學者，以中國近代史研究見稱。孟森此書有 1990 年重排新版，內容分總論和各論兩部分：第一編「總論」，包括〈清史在史學上之位置〉、〈清史體例〉、〈清代種種及世系〉、〈八旗制度考實〉四章。第二編「各論」，共有五章，記述太祖及以後各朝史事，將清史分為幾個階段：

第一章〈開國〉──對太祖、太宗、世祖的建國業績作了論述；

4　孟森著，商傳導讀《明史講義》（上海：上海古籍出版社，2002 年），商傳《《明史講義》導讀》，頁 12–13；並參宋木文、劉杲主編《中國圖書大辭典 (1949–1992)：歷史、地理》上，姚景安〈明清史論著集刊〉條，頁 155。

第二章〈鞏固國基〉──記載聖祖嗣立至親政，及撤藩、治河、綏服蒙古、平定西藏、移風俗、興文教等政策，另外，還論述了盛名之缺失；

第三章〈全盛〉──論述世宗初政、雍正朝特定之制、武功之繼續（包括收復青海及喀木、再定西藏、取準噶爾和回疆）、世宗兄弟間之慘禍，雍乾時期的學術文化（禪學和儒學）；

第四章〈嘉道守文〉──論述內禪、嘉慶間兵事（包括三省苗、三省白蓮教、海患、畿輔天理教）、道光朝士習之轉移、鴉片案、鴉片案究竟；

第五章〈咸同之轉危為安〉──太平軍、太平軍成敗及清之興衰關係、平捻、平回，附〈俄還伊犂始末〉。

書末附錄《清初三大疑案考實》三篇及〈海寧陳家〉、〈香妃考實〉，總共五篇。在孟森的清史講義多個版本之中，《清代史》是最為詳備的。吳相湘在〈編校前言〉中說，孟森講義原稿目錄著明「第六章〈光宣末造〉嗣出」，抗日戰爭勝利後，他重回故都，與同學數人整理孟森遺稿，但沒有發現這第六章的文稿。

孟森治史，態度嚴謹，考證詳確，成就卓著。其《清史講義》所據資料，除《實錄》、檔冊及《史稿》外，兼採朝鮮《李朝實錄》等書，對清代史事真相揭示詳明；而於康、雍、乾三朝經營邊疆，亦有較多篇幅加以闡述。[5]

由商鴻逵整理的《明清史講義》（北京：中華書局，1981 年），分上、下兩冊，上冊為《明史講義》，下冊為《清史講義》。惟下冊改動頗多，刪去第一編第四章〈八旗制度考實〉、第二編第二章第三節「取台灣」、第四章第七節「鴉片案」及第八節「鴉片案究竟」、第五章〈咸同之轉危為安〉全文。所刪文字總數約有十四五萬字，而印刷錯誤則較其他版本為少。論者指出：「時代變遷，觀念不同，學術語言亦相更迭。如夷、匪之類的

5　《二十世紀中國學術要籍大辭典》，王一方〈清史講義〉條，頁 501–502。

稱呼，或為新時代之新思想所不容。倘起心史先生於地下，亦將無可奈何矣。前人無辜，後人亦有說詞，似不必相苛。」[6]

吳俊編校《孟森學術論著》（杭州：浙江人民出版社，1998年），實即《清史講義》；此書的〈編者敘意〉強調要出版一部完全的《清史講義》，「而旨趣不離恢復心史先生所著全貌舊觀，使一代大家之學術心血結晶，真正裨益於後來學者。」孟森頗自負於所治之學，是書最重原始史料，而尤重官書，書中徵引多據《實錄》、《清史稿》、內檔及朝鮮《李朝實錄》等，反覆比勘，以證明史實。「近世學者，亦有倡議重視私家著述者，或舉詩文證史為不二法門，此雖不可偏廢，畢竟偏鋒行筆，履險易失，非才識卓著者不易奏其功，反有淪落摭拾、附會之虞。如心史之重官書正典，則目的既在嚴守傳統史家之門戶，更在用心於一代典意制度之沿革。制度沿革，乃政府流變之綱目，關乎盛衰興亡，而捨官書則無從究明真相。」繼而指出：

> 《清史講義》一書的構架骨幹，即在由官書史料考實、梳理清朝制度之種種變遷，以見一代興亡大勢。……清朝以異族入主中國，因此民族及文化間的交流、地域（內地與邊遠地區）間的溝通，不能不是一代中的大事。《清史講義》對此鋪陳了大量筆墨，有關異民族間的衝突、融和，漢民族傳統或正統文化（如孔孟、程朱之學）的利用，以及四周邊事（包括與西洋各國的關係）的曲折，都有詳盡而精到的考論。在許多重要關節上，與後來史家往往不同。

吳俊並且認為：「心史所著各書，互為發明是其一大特色。讀《清史講

6　吳俊編校《孟森學術論著》（杭州：浙江人民出版社，1998年），〈編者敘意〉，頁2–3。

義》而參觀《心史叢刊》諸書，當更能得其細微處之要領。至於書中某些遣詞或與今人有所異趣，甚至史學觀念亦與當代習見不盡相侔，則為存原來學術氣象，一仍其舊，讀者當會明察。」[7]

綜括上文，可見《明史講義》和《清史講義》時分時合，常因版本各異而有不同，但二者的結構有其一致性，內容也相銜接，在今日作為一套完整的《明清史講義》來研讀是較為合適的。書中對明清兩代前後五百餘年政治的論斷尤富特色，例如評明太祖廢相，認為法雖不謬，卻屬因噎廢食之舉。「廢相以後，嗣君能稍勤政，必無奸雄專弄之權。此太祖之特識也。然勤政正未易言，太阿倒持，終不可免，權相之外，又有權閹，事固出於所防之外者矣。」對明朝中央政治權力的分析相當深刻，指出蘊含於王權內部的矛盾。論明亡，則稱崇禎帝在萬曆之前不為亡國之君，在天啟後則必亡，不單只從崇禎一朝君臣之得失出發，而頗注重從大勢着眼。作者於排比史料、銓敍史事、評價分析之中，在在表現出敏銳的識見，許多見解都為人所稱道，此書至今仍是研治明清史不可或缺的參考著作。[8]

亦有意見認為，孟森按照傳統史著敍述歷史演進圖式——創業、守成、陵夷、中興、亂亡——選擇史料和敍述史事，注重朝廷政治的得失，專講一家一姓的興亡，仍是傳統的政治史，致使其史學體系局限於一隅，雖然方法是新的，而眼界和內容仍是傳統的。史料採擇不廣，主要根據實錄及止史，過於仰賴官方文獻，亦是其不足之處。[9]但應指出，在專制王朝時代，一人一家一姓的作為足以影響舉國的安危禍福，清朝是中國最後

7　吳俊編校《孟森學術論著》，頁 4。

8　劉凌、吳士余主編《中國學術名著大詞典・近現代卷》，李遠濤〈明清史講義〉條，頁 592。

9　劉凌、吳士余主編《中國學術名著大詞典・近現代卷》，李遠濤〈明清史講義〉條，頁 591–592。

一個封建帝制政權，這樣的探討和論述是必要的。孟森對明清史研究的貢獻，正在於他及時為以後的學者夷平了不少障礙。

時至今日，明清史已成顯學，通論和專著不勝枚舉，繁簡不同的《明代史》和《清代史》為數甚多，但能同時撰寫《明史》和《清史》而成一家體系的學者，仍然寥寥無幾。

第三節　孟森對明清史研究的貢獻

孟森研究明清史的一批文章，最重要的結集出版，始於商鴻逵整理編纂而成的《明清史論著集刊》（北京：中華書局，1959 年），曾於 1984 年增訂再版。全二冊，共有文章四十四篇，大部分曾於報刊上發表，並收錄孟森自己編集的《心史叢刊》和《清初三大疑案考實》，內容包括兩類：一是歷史事實的論述，二是文獻資料的考訂。孟森治史，特別致力於清入關前後事跡的研究，此書所輯的文章，許多屬於這方面。[10] 商鴻逵在編集時作了一些改動，參見該書的〈編輯說明〉。

商鴻逵指出，孟森是一位「舊型的歷史學家」，他的明清史研究論著「在當時曾受到史學界的推崇，並且也留下了一定影響。」他在學術工作上的成就，「受了他的立場、觀點和治史方法的很大的影響」；雖然如此，卻不能因此就否定他的一些著作對今天歷史研究工作者仍具參考價值。「同時也應該承認，他在若干具體事情的看法上也自有其精到的、敏銳的地方。」

10　謝保成、賴長揚、田人隆編《中國史書目提要》（鄭州：中州古籍出版社，1991 年），〈明清史論著集刊〉條，頁 100。

舉例來説，〈八旗制度考實〉、〈建州衛考〉等篇，考訂史實和爬梳資料，至今對於研究相關課題仍是很有幫助的。又如論《清實錄》一改再改的用心所在，《四庫全書》的修纂旨在燬書，及〈科場案〉、〈字貫案〉等篇揭露封建帝王專制橫暴、荼毒人民的事實，都足以説明孟森在這些具體問題上是有卓識的。商鴻逵認為，孟森「在學術工作的成就上所受的限制，主要是在於他的封建思想意識很濃，他把一代的興亡治亂歸結為帝王將相等少數統治階級首腦的奮發有為和荒淫燕嬉；他看不見人民羣眾的力量，當然更認識不到人民羣眾是歷史的真正主人，特別是對農民起義，還加以敵視。……在史事論述和資料考訂上，他往往只注意於片斷的、表面的、孤立的事情，而不能就全局和從本質上來作分析，把問題弄清楚。」但他作考證的態度是認真的，務以事實為根據，惟引用旁證時則不免有過分煩瑣和枝蔓的地方，甚至有時失於武斷。[11]

此書為首一篇是〈建文遜國事考〉，接着有〈萬季野明史稿辨誣〉、〈書明史鈔略〉等篇，又有〈明本兵梁廷棟請斬袁崇煥原疏附跋〉、〈南明永曆帝致吳三桂書跋〉、〈崇禎存實疏鈔跋〉等，足見孟森於明代史事、相關資料和文獻著作，用功亦頗勤。學界對孟森在明史研究方面的注意，相比於他的清史研究來説，仍然是不足夠的。

其後，商鴻逵再整理了孟森的另一批文章，編成《明清史論著集刊續編》(北京：中華書局，1986 年)，計有四十五篇。其中大多是考證性文章，此外有唱山歌的清史料、《清史稿》應否禁錮之商榷、清史傳目通檢序、史與史料、中國歷代史料之來源並擬現代可以收集之方法等。連同前書所收，總共八十九篇，內容幾乎涵蓋了明清史的各個領域，主要圍繞着以下幾方面：(一) 考定清之先世；(二) 滿洲名稱問題；(三) 八旗制度考實；

11　孟森著《明清史論著集刊》(北京：中華書局，1959 年)，商鴻逵〈編輯説明〉，頁 1–2。

（四）清初三大疑案；（五）清初史事人物的考辨。文章分別就有關課題作了探究，考索其來龍去脈，還其本來面目，使大白於天下。[12]

《明清史論著集刊續編》的出版，相距其初編印行足有二十三個年頭。商鴻逵交代說：「其所以如此遲遲，實因那些年月，學術界政治運動過多，加之十年內亂，一切砸爛。像孟心史師這樣老學者的著作，當然更無由付梓。」嗣後「學術風氣為之一變。值茲振興中華文化的大好時刻，出版界對以往老一輩學者畢生研究成果，搜集整理出版，以助參考，誠屬善舉。」對孟森的史學研究，復有以下一段評論：

> 綜觀心史師治史之方向及途徑，其所專在於明、清兩朝，而尤專於滿洲開國史，對滿洲先世勃興建國事跡，為其一生精力所注。心史師治史，多本中國傳統之方法，而於史料分析甚詳，史事論述極明，又不盡同於傳統史學，從而開明清斷代史研究之先河。心史師治史重於考證，對所論之事，辨誤糾謬，力求明瞭史實真相。其所作考證，至今多為史學界所共認。

商鴻逵繼而指出：

> 但心史師仍屬於舊史家之列，其立場、觀點、方法，均不可能超出舊時代的窠臼。我們今天研治歷史，是作為馬克思主義一門歷史科學進行的，必須堅持無產階級立場，歷史唯物主義觀點，研究歷史發展規律，這是與舊史家們截然不同的。但我們也

12　王鍾翰〈篇篇精練，字字珠璣——孟森的《明清史論著集刊》及《續編》〉，馬寶珠主編《20世紀中國史學名著提要》，頁260–263。

必須看到並吸收前人之所長，不可苛求於他們。這也是我們編輯
此書的目的。本書雖為《明清史論著集刊續編》，但也兼收有涉
及明清以前各代的幾篇文章，以反映心史師治史之另一側面。[13]

　　《明清史論著集刊》和《明清史論著集刊續編》兩書之中，〈科場案〉、
〈奏銷案〉、〈孔四貞事考〉、〈金聖歎考〉、〈西樓記傳奇考〉、〈王紫稼考〉、
〈朱方旦案〉、〈丁香花〉等十三篇出於《心史叢刊》，〈滿洲名義考〉、〈清
始祖布庫里英雄考〉、〈女真源流考略〉、〈建州衛地址變遷考〉四篇出於
《明元清系通紀》，另〈八旗制度考實〉見於《清史講義》。北京中華書局於
二十世紀初編印「孟森著作集」時，因各專著分別成書，所以將這十八篇
別出，其餘七十一篇重新調整了編排次序，仍命名為《明清史論著集刊》
印行。孟森的明清史研究著作，由初出至增訂，不免有若干重複之處，經
過幾次整理之後，至此大致上是有整體規劃了。（表7）

表 7　孟森的明清史研究

《清朝前紀》	《滿洲開國史講義》	《心史史料》
《明元清系通紀》	《清初三大疑案考實》	《心史叢刊》
《明史講義》	《清史講義》	《明清史論著集刊》
《孟森政論文集刊》	《孟森法政著譯輯刊》	《心史文錄》

註：「孟森著作集」（北京：中華書局，2006 年）十種，將《心史史料》及《清初三大疑案考實》
　　併入其他論著之中。

13　孟森著《明清史論著集刊續編》（北京：中華書局，1986 年），商鴻逵〈前言〉，頁 1–2。

　　《明清史講義》是斷代史專著，對明清兩代的政事大端和人物活動，多具灼見史識，超越前人。孟森的學術成就，實居於辛亥革命以後清史研究的開山位置。他既反對《清史稿》的作者們站在清朝的立場上曲為隱諱，歌功頌德；又反對當時流行的一種過激觀點，詆毀清朝。他在《清史講義》的序言中說：

　　　　近日淺學之士，承革命時期之態度，對清朝或作仇敵之詞，既認為仇敵，既無代為修史之任務，若已認為應代修史，即認為現代所繼承之前代，尊重現代，必並不厭薄於所繼承之前代，而後覺承統之有自。

孟森繼而指出：

　　　　清一代武功文治，幅員人才，皆有可觀。明初代元，以胡俗為厭，天下既定，即表彰元世祖之治，惜其子孫，不能遵守。後代於前代，評量政治之得失，以為法戒，乃所以為史學。革命時之鼓煽種族以作敵愾之氣，乃軍旅之事，非學問之事也。故史學上之清史，自當佔中國累朝史中較盛之一期，不應故為貶抑，自失學者態度。

　　清朝在中國史上佔有相當重要的地位，絕對不能因為被革命推翻而故意貶抑其歷史。學術不同於政治，職是之故，孟森對民國初年普遍流行於社會上的種種傳說異聞，一一為文加以考證。他探討了清之先世、清朝興起及其進程，說明了元明時期東北女真族的發展和變化。清之先世，作為明朝的臣屬，是中國境內一個少數民族，並不是甚麼外族，清朝刻意隱諱

這些事實是不當的。《明史講義》指出，明代制度對清代影響很大，清代除了八旗制度，沒有甚麼創造，基本上繼承明制，以此統治全國的。「代明之清，除武力有根柢外，所必與明立異者，不過章服小節，其餘國計民生，官方吏治，不過能師其萬曆以前之規模，遂又奠二百數十年之國基，清無制作，盡守明之制作，而國祚亦與明相等。」

歷史是有繼承關係的，不能割斷，不明白明代史事，自亦難以深入認識清代發展。何況清朝官修《明史》，「根本之病，在隱沒事實，不足傳信。」而其「所以有須隱沒之事實，即在清代與明本身之關係。」情況並不止此，「一隱沒而遂及一代史之全部。」因此「讀明史者應負糾正之責尤為重要，甚於以往各史者也。」孟森既能繼承明清史學傳統方法，又借助西方近代社會科學，加上他自清末民初從政的體驗，對傳統政局和歷史現象具備較強的洞察力和穿透力，因而能夠成為近代從事明清史學科的第一代學人，寫出代表當時最高水準的研究成果。[14]

論者指出，孟森用敍事、考辨、評史融為一體的筆法，充分利用「正史」的價值，揭發「正史」的錯誤，提供了許多解開歷史謎團的資訊，在今天反而成為一個優點，即為讀者受眾搭建了一座與傳統史書閱讀相連接的橋樑，因而有了現代閱讀的價值。再者，孟森以講義述史，不是向學生傳播一般歷史知識，而是傳授自己的研究心得，頗具學術深度。學生藉此可以掌握明清政局和制度變遷的要領，是其他著作不可取代的。[15]在二十一世紀今天，重讀孟森的力作，於攀登明清史學高峰的過程中，肯定可以收事半功倍之效。

中國近代的清史學興起於二十世紀初，早期著作家除孟森外，有梁啟

14　孟森著《明清史講義》（台北：古籍出版社，2006 年），楊國楨〈導論〉，頁 9。

15　孟森著《明清史講義》，頁 19–20。

超、陳懷、劉法曾、汪榮寶、許國英、吳曾祺、蕭一山諸人，梁啟超只有《清代學術概論》之類的學術思想史著作，陳懷著《清史要略》，汪榮寶和許國英著《清史講義》，吳曾祺著《清史綱要》，劉法曾著《清史纂要》，尚屬草創；蕭一山的《清代通史》雖為巨構，但先只出兩冊，要在多年之後始出齊全套五冊。在同時代，終歸以孟森構成的清史體系較為完整；而其明史學成就，在孟森本與清史為一體，他為明清史學提供的研究成果，迄今仍是難以超越的。[16] 現時史學界在某些問題上多有超出前人之處，但在總體上還沒有人能與孟森相提並論，他提倡的客觀求實的作風，形成清史研究中一個主要學派，在他逝世前後的一二十年間，影響了一大批清史學者，如後來著名的鄭天挺、謝國楨、羅爾綱、馬奉琛、李光濤、謝興堯、商鴻逵、王鍾翰等，大大推動了清史的研究工作。[17] 繼往開新，謝國楨就是其中重要的一人。

16　楊向奎、何齡修〈孟森學案〉，何齡修編《孟心史學記 —— 孟森的生平和學術》，頁75。

17　陳生璽〈清史研究之開山大師孟森的學術成就〉，何齡修編《孟心史學記 —— 孟森的生平和學術》，頁84。

第六章　晚明史籍及清開國史料

　　謝國楨是繼孟森之後另一位明清史專家，而尤集中於探討明末清初史事及學術思想，重點有所不同，可與孟森的研究成果起互補作用。正如謝國楨在他的〈自述〉中所說：「繼謝山〔全祖望〕之後能補證其未備，余實在是望塵莫及。若我的前輩孟森先生對於明清史學作出了頗多貢獻，我也難乎為繼，僅效法他早年所寫的《心史叢刊》搜輯有條理有秩序的資料，敷陳其事而已。研究明清史是當前一門重要的學問，好在後繼有人，方興未艾，正有待於來者。」[1] 在〈我的治學經歷〉一文中，謝國楨這樣總結他的治史經驗：

　　　　我從二十五歲一直到年垂八十，風裏來，雨裏去，不怕跌跟斗，頭上跌了包，撫摩着傷痕，爬起來再往前走。這就是我的治學經歷。假若有同志問我怎樣學習清史的，我就只能這樣地答覆。魯迅先生說：「弄文學的人，只要 (一) 堅忍，(二) 認真，(三) 韌長，就可以了。不必因為有人改變，就悲觀的。」我覺得研究歷史的人尤其是應該這樣，我們應該效法魯迅先生。[2]

1　謝國楨〈自述〉，《中國當代社會科學家》第一輯 (北京：書目文獻出版社，1982 年)，頁 329。
2　謝國楨著《明末清初的學風》(上海：上海書店出版社，2006 年)，〈我的治學經歷〉，頁 287–288。按：此文原載《書林》1980 年第五期。

　　全祖望（1705 – 1755 年），字紹衣，號榭山，別號鮚埼亭長，人稱謝山先生。鄞縣（今浙江寧波）人，乾隆進士，主講蕺山、端溪書院，不隨流俗。他是清代卓越的史學家，專治南宋和明末清初史學，實開鴉片戰爭前後龔自珍、魏源等研究歷史、地理、國防邊疆、經世之學的先河，有《鮚埼亭集》等著作。楊鳳苞（1754 – 1816 年）熟於明、清之際史事，尤欽佩謝山之學，著有《南疆逸史跋》，誠謝山之諍友，亦為後人研究謝山史學的良師。謝國楨在《晚明史籍考》的〈凡例〉中說，該書略仿楊鳳苞《南疆逸史跋》之例，以時代為先後，而以事實內容性質之分類副之。又引全祖望之言：「晚明野史，不下千家。」蓋以明清交替之際，明政既以窳敗；繼之清兵入關，人民積受壓迫侵陵，發展而為英勇抗鬥之偉績。當時人士，身經感受，義憤於中，乃競起為史，記述實況，以昭示來者。《晚明史籍考》之旨即在「搜輯史事，以淬勵民族氣節；摭拾舊聞，以存一代之文獻。」謝國楨治史的時代背景和時代精神，亦云是矣。

第一節　謝國楨的明清史研究

■ 從清代學術思想起步

　　謝國楨（1901 – 1982 年），號剛主，原籍江蘇武進，生於河南安陽。早年就讀於天津南開大學，1925 年考入清華學校國學研究院，師從梁啟超研習文史，當時的導師還有王國維、趙元任、陳寅恪、李濟等人。翌年結業，到天津梁啟超家飲冰室教其子女讀書，他們是梁思永的弟妹梁思達和梁思懿等。當時中華文化基金會請梁啟超主編《中國圖書大辭典》，謝國楨充當他的助手，從此就走上研究歷史的道路了。

　　謝國楨讀過梁啟超的《清代學術概論》、《中國近三百年學術史》和清

代江藩的《漢學師承記》，因而研究顧炎武、黃宗羲的學術思想；在這個
基礎上，梁啟超又給他講明末清初的遺事，他之所以喜歡研究這段歷史，
就導源於此。時間過得很快，謝國楨在梁家教館不過一年，到了第二年夏
天，梁啟超把他的子女送到南開中學去上學，又介紹謝國楨到南開高中去
教書，不久又叫他到北平圖書館任編纂。

　　謝國楨在北平圖書館任職差不多十年，初時是編輯館藏叢書的目錄，
後來在梁啟超紀念室裏整理館藏金石碑版，以及做他的明清史研究。其間
涉獵了大量晚明史籍，於 1931 年寫成八十萬字的《晚明史籍考》；此書至
1962 年擴大為《增訂晚明史籍考》，接近九十萬字。又編纂《清開國史料
考》，及撰寫了一些專題論文。為了研究相關問題，謝國楨搜集了一些冷
僻資料，他之有收藏野史筆記的嗜好，就開始於此時。在清華學校國學研
究院的時候，除上述諸師外，還有助教趙萬里，同學有劉盼遂、吳其昌、
王庸、劉節、陳守寔、王力、徐中舒、周傳儒、王靜如、戴家祥、蔣天樞
等人；在北平圖書館工作期間，徐森玉是領導，同事中有趙萬里、劉國鈞、
王重民、孫楷第、胡文玉、向達、賀昌羣，稍後有譚其驤、張秀民諸位。
他們都埋首從事所專長的研究工作，致力於各自喜愛的學問，有時一般人
還以為館中養了一批吃閒飯的人，其實他們都為學術文化作出了貢獻，不
少人卓有成就，在教育事業和國家社會上各有一番作為。

　　1930 年代初，謝國楨相繼出版了《顧寧人學譜》、《黃梨洲學譜》和《孫
夏峰、李二曲學譜》。這些著作，大多是他在北平圖書館工作期間的文稿，
在梁啟超曾經用過的書案上寫成的，到出版前加以改定。曾一度到日本深
造，1931 年九一八事變後回國，任北平圖書館編纂。1933 年，謝國楨到
南京中央大學任教，翌年出版《明清之際黨社運動考》。1934 年回河南編
纂《河南通志》，不久任北平圖書館金石部主任。1937 年任職於國立長沙
臨時大學圖書館，1938 年回北平，典守北平圖書館金石古籍，同時任北

京大學史學系教授。其後，曾在汪偽政權的「國史編纂委員會」任纂修。1946年，任國立雲南大學、五華書院教授。抗戰勝利後，有《清初流人開發東北考》。

■ 編集明清兩代史料

　　1949年中華人民共和國成立，謝國楨在華北大學政治研究所學習馬列主義和毛澤東思想，試圖用新的觀點來指導科研工作，寫出新的論著。同年任天津南開大學教授，講授明清史、目錄學、歷史文獻等課程。1957年，調任中國社會科學院歷史研究所明清史研究室研究員；後任中國社會科學院研究生院教授、國務院古籍整理規劃小組顧問。他除了明清史研究外，還致力於史料搜集、選輯和整理工作，編有《明代社會經濟史料選編》三冊和《明代農民起義史料選編》二冊，於1980年至1981年間出版。謝國楨於明清兩代史料，尤其注重野史中之珍貴者，這一特色，在上述幾種史料選集中都充分表現了出來。

　　例如《明代社會經濟史料選編》，就是摘錄明清野史筆記及詩文集、地方志和檔冊中有關資料而成的，上冊記述農業生產技術和經營狀況、手工業生產技術和工藝美術等，中冊記述科技發明、商品經濟發展及資本主義萌芽的出現等，下冊記述戶籍和土地制度、農業政策和賦稅制度、工商政策等。又如《明代農民起義史料選編》，是從明代野史筆記中搜尋有關資料，採錄廣泛，編排有條理，分成明初、明中期和明後期三章，頗便使用。[3]

　　在此之前，謝國楨已編有《清初農民起義史料輯錄》，1956年出版，

3　李小林、李晟文主編《明史研究備覽》（天津：天津教育出版社，1989年），頁359–360。

從明代社會經濟到明末清初農民起義，總共六冊。這說明了他不但是精通版本目錄學的專家，而且是重史料、重理論的優秀史學家。

■ 明清筆記和南明史事

據謝國楨憶述，「文化大革命」期間，他讀《魯迅全集》等書，對研究明清時代的野史筆記很有啟發。他又把兩漢史跡最基本的書籍，如《史記》、《漢書》、《後漢書》、《東觀漢記》、七家《後漢書》、《西京雜記》、《三輔黃圖》等都拿來通讀了一遍，以及看記載新出土文物的《文物》雜誌，分門別類地做了卡片，試圖編著《兩漢社會生活概述》。及至 1972 年春天，從河南明港幹校回到北京，得以重理舊業，曾經以樂觀的情緒寫成《明港雜事詩》兩卷。[4]

謝國楨後期的研究成果，以《南明史略》廣為人知；其《明清筆記談叢》，亦為學界所重視。《史料學概論》充分反映了他治學的興趣和方法，《江浙訪書記》則表述了他畢生搜求史籍文獻的用心。《增訂晚明史籍考》一巨冊，比解放前編成的《晚明史籍考》更完備；《明末清初的學風》所收論文，最能展示其史學規模。由學生編集而成的《明清史談叢》，可以作為上述諸書的補充。其他著作，有《瓜蒂庵文集》（瀋陽：遼寧教育出版社，1996 年）等。

謝國楨逝世後，上海古籍出版社影印出版了《瓜蒂庵藏明清掌故叢刊》，當中的著作都是謝氏搜羅和保存的，謝國楨在〈序〉中交代了書齋名稱的由來。他說：

> 我家本寒素，為了奔走衣食，養老哺幼，不得不省吃儉用。

4　謝國楨著《明末清初的學風》，頁 287。

偶爾獲得一點稿費，得以陸續購到一些零星的書籍。至於善本書籍，佳槧名抄，我自然是買不起的，只能拾些人棄我取，零篇斷縑的東西。如比買瓜，人家得到的是些甘瓜珍品，我不過是撿些瓜蒂而已。所以我起的書齋之名，以前由工資和稿費收入買書，叫「傭書堂」，後來乾脆就叫「瓜蒂庵」，名副其實而已。

謝國楨之所以能夠庋藏許多僻書，是他幾十年間不辭勞苦在書舖、書攤辛勤搜集得來的結果。年屆八十時，謝國楨決定將自己一生的藏書全部捐獻給中國社會科學院歷史研究所。社科院送給他三萬元，他推辭不掉，於是把錢都購買了圖書，贈送給研究所。聚書不聚財，是謝國楨學者人格的最好表達。[5]

第二節　《晚明史籍考》洋洋大觀

■ 南明史研究的鑰匙

謝國楨在北平圖書館工作時，受梁啟超的啟發和指導，發願撰寫《晚明史籍考》二十卷，著錄明代萬曆年間至清代康熙年間的文獻著作一千一百四十餘種、未見書六百二十餘種，1933 年由北平圖書館出版，分成線裝十冊。此書有台北藝文印書館 1968 年影印本，分為三冊，書首有孟森、朱希祖、吳其昌所作序三篇，〈孟序〉謂此書「多載序文、凡例，以啟發人閱讀之趣，海內學人留意此事者極多，謝君先為指津，使人執此考以求其書，有事半功倍之樂，何其幸也。」

5　王曉青著《學者的師承與家派》，〈訪書‧尋書‧著書—謝國楨學述〉，頁 227–228。

　　至 1964 年，此書經修訂補充，改名《增訂晚明史籍考》，總共有
二十四卷、八十餘萬字，由中華書局上海編輯所出版，其後復由上海古籍
出版社於 1981 年重印。增訂本所著錄的書籍，較初版增加了約三分之一。
書首有〈自序〉和〈凡例〉，書末有〈補遺〉、〈初版本朱希祖先生序〉和〈綜
合索引〉。現時較易得見的有兩個版本：一是上海華東師範大學 2010 年
版，仍稱《晚明史籍考》，有新編書名和作者索引；另一是北京出版社
2014 年版，題為《增訂晚明史籍考》，分為兩冊。

　　此書是謝國楨對明清史和目錄學研究的重大貢獻，自初版面世後，
即已獲得學界好評，被奉為研究晚明史及清初史必備之書。朱希祖謂此書
「自非氣魄弘偉、毅力堅貞」者難以完成，使人「一擴耳目，增益知識」。
何齡修強調：「凡研究明末清初的黨社運動、農民起義、抗清鬥爭、鄭氏、
三藩、史獄、文學、人物和南明諸政權，都可以按圖索驥，獲得所需要的
資料知識。」[6]

　　再者，柳亞子《懷舊集》說：「這部書，我叫它是研究南明史料的一個
鑰匙。它雖然以晚明為號，上起萬曆，不盡屬於南明的範圍，不過要知道
南明史料的大概情形，看了這部書，也可以按籍而稽，事半功倍了。」柳
亞子在抗日戰爭時期曾研究南明歷史長達五年，寫過〈南明史綱〉及南明
人物傳記十多篇，他這番說話，顯得特別有分量。

■ 晚明史籍的類別和內容

　　增訂後的《晚明史籍考》，共有二十四卷，「原本之標目命題，輯錄按
語，於觀點、立場、方法有誤者，亦竭其所知，逐一改訂。」全書結構如下：

6　謝國楨撰《晚明史籍考》(上海：華東師範大學出版社，2011 年)，〈出版弁言〉，頁
　　1–2。

　　卷一〈通記——有明一代史乘〉，包括紀傳、編年、紀事本末、史傳考訂及近人所輯資料之屬，以及未見諸書。

　　卷二、三〈萬曆至崇禎〉（上、下），計有實錄、起居注、邸鈔之屬，記萬曆朝、天啟朝、崇禎朝以及南明史事之書。

　　卷四、五〈黨社〉（上、下），分述記明季門戶黨爭及爭論三案、東林及魏黨事跡、東林及詆毀東林之書、記社事之書。

　　卷六、七〈農民起義〉（上、下），依次為記大西農民軍及夔東十三家軍、山東白蓮教徐鴻儒等起義、明末西南各兄弟民族起義之書，通記明代農民起義及明季兵變各地農民起兵抗清之書，明清兩代諸臣奏疏記述鎮壓農民軍及「褒岬」之書等。

　　卷八〈甲乙之際〉，分述記甲申之變諸書、記甲乙之際諸書。

　　卷九〈總記——南明史乘〉，包括紀傳、各家傳記、編年、紀事本末、雜史雜記之屬。

　　卷十、十一〈南明三朝〉（上、下），依次為記弘光朝、隆武及紹武朝之書，兼記隆武、永曆兩朝之書，記永曆朝諸書等。

　　卷十二〈魯監國〉，述記魯監國及沿海一帶史事之書。

　　卷十三〈鄭氏始末〉，包括台灣鄭氏及其故吏所撰諸書，明末清初人士對於台灣鄭氏之記載，清代官書及清人之記載，近人記台灣鄭氏之書，日本、荷蘭各國記載台灣鄭氏之書等。

　　卷十四〈抗清義師〉，述記抗清義師之書。

　　卷十五〈清初三藩〉，分總記三藩之書，記滇吳藩、閩耿藩、粵尚藩之書，及記武昌標兵之變諸書等。

　　卷十六〈史獄〉，述記明清之際史獄之書。

　　卷十七、十八〈傳記〉（上、下），包括統記有明一代或歷代兼及明季死節傳記之屬，明季地方文獻人物傳記、明季死事諸臣遺民傳記及朝鮮

人撰述之屬，記明代及明季婦女傳記之屬，明季人士所著地方文獻家乘之屬，清代官書所載貳臣逆臣傳記之屬，及別傳、年譜、語錄之屬等。

卷十九、二十〈文集題跋〉（上、下），分述有關明季史事文集、明季史事題跋之屬。

卷二十一、二十二〈雜記〉（上、下），包括當時人雜記時事之書、清代及近人雜記明季史事瑣聞之書，匯輯明季史乘之書，及日本流傳之記載。

卷二十三〈明季史料叢刻及書目〉，分述明季野史資料叢刻及明季稗乘書目。

卷二十四〈宮詞詩話小說傳奇〉，分述宮詞詩話詩選和小說傳奇之屬。

卷後有〈晚明史籍考・補遺〉記述二十餘種已見未見之書，附錄〈初版本朱希祖先生序〉。

謝國楨著《晚明史籍考》的體例，總的來說，是以時代先後為次序，副之以事實內容性質的分類；全書以甲申為界限，分成兩期。每期先列通論、總論的史乘，後據內容分列各類史籍；每類之中，則據事項略分子目，即將內容相關、共敍一事的諸種史料，按時間次序逐一排列。著錄書之外，且羅列未見諸書，方便讀者自己搜求，亦是此書一大特色。

另外，因記南明各個政權的書，大多是傳記體，故列二卷；其他如文集、題跋、雜記、史料叢刻及書目、宮詞詩話及小說傳奇等，皆為某一專門類別，亦各自分卷，羅列有關史料。至於本書考訂的各種史籍，先列書名卷數、版本所藏、撰者籍貫及著錄時代等，然後輯錄該書的序跋、題跋、凡例，還有編者按語，說明該書的內容和價值。

■ 野史稗乘考訂精審

謝國楨編撰《晚明史籍考》時，認真披覽了十數處公私收藏的晚明正史稗乘，包括北平圖書館、故宮博物院圖書館、東方文化會、孔德學校圖

書館、南京圖書館、遼寧故宮博物院、上海涵芬樓、吳興劉承幹嘉業堂、
海鹽張元濟涉園、平湖葛氏傳樸堂、上虞羅氏殷禮在斯堂及梁啟超、朱希
祖、倫明、傅增湘、馬廉等人的藏書，旁及日本、朝鮮流傳之書。論者指
出：「此書採擷甚廣，網羅的晚明史部及野史稗乘較為完備。且類例分明
而便於查檢，考訂精審而利於研讀，資料價值很高。」[7]

　　1947 年，顧頡剛在介紹南明史的研究時指出，這是「由於民族主義思
想的刺激。在清末時，對於史料的收集與研究，已經有人着手，劉師培及
鄧實皆欲作《後明書》而未成，⋯⋯最近則以朱希祖先生用力最深。朱氏
藏南明珍祕史料極多，⋯⋯謝國楨先生對於晚明史料的搜求，亦費苦心，
有《晚明史籍考》，著錄完備。」[8] 謝氏此書在民國時期已為學界所注重，是
他的成名作和代表作之一。

第三節　《清開國史料考》網羅眾籍

■「滿洲開國」史料篇

　　謝國楨著《清開國史料考》（北平：國立北平圖書館，1931 年）是專
門研究清開國史料的著作，內容包括明朝初年建州衛設立至清兵入關前的
歷史資料。編排方面，分為六卷：卷一，〈敍論〉；卷二，〈清初之檔冊〉，
包括遼寧舊檔、故宮舊檔、內閣大庫流傳各地諸檔；卷三及卷四，〈明代
之記載〉（上、下），分專記、方志、邊備、籌邊諸書、待訪諸書，金石附
焉；卷五，〈清代官修及近人纂輯之書〉；卷六，〈朝鮮及日本之記載〉，屬

7　《中國學術名著提要・歷史卷》（上海：復旦大學出版社，1994 年），呂健〈晚明史籍考〉
　　條，頁 737–739。

8　顧頡剛著《當代中國史學》，頁 94。

國外記載。書末有〈清開國史料考補〉一卷。書前附有圖版數幅，計為：〈日本南滿鐵路株式會社編滿洲歷史地理明代建州衛圖〉、〈明天啟刻秘冊兵衡建州女直巢窟道路全圖〉、〈北平故宮博物院藏清初天命天聰朝滿文老檔二峽〉、〈遼寧故宮博物院藏清初崇德朝滿文老檔文諭〉。

1932 年 6 月，《清開國史料考》重印時，補入謝國楨〈識文〉一篇和〈清開國史料考勘誤表〉四頁。1933 年夏，謝國楨又將本書卷一〈敍論〉加以修改訂補，題為〈清開國史料考敍論訂補編〉，作為「清初史料四種」之一，重新由國立北平圖書館鉛印出版，以廣流傳。其他三種是馬文升的《撫安東夷記》、召上愚公的《東夷考略》和海濱野史的《建州私志》，在當時是很難得見的史料。

《清開國史料考》所載，均為成書或成篇章的史料，片紙隻字的資料不在收錄之列，特有關係者，間附註於史料之下。凡某書有成一卷關於遼事的，依章列出；不能別列者則詳載於某條之下，以備參考。金石文字之有關掌故者，附於每類之後；敍、跋、提要之有關掌故者，或不易得見者，選錄其文於每條之下；無關史事之文，或擇其要點，或概行從略。至於學者研究所得之重要論文，足以供研究之用者，亦間附其文，以資參考。

■ 另一種「清朝前紀」

清建國始基之世系記載，極其隱晦，傳說亦甚荒誕，例如渤海金國起源之記載即其一例。清之始祖即金之後裔，金為女真族，女真避遼興宗（宗真）諱，改名為「女直」（一說為女真的另一譯寫形式）。元滅金後，於其地域內設置軍民萬戶府。明代於其地設置建州衛，轄三部，其中之建州部，即為清之發祥地。所有各部屬地，明代統稱之為東夷遼地。洪武四年（1371 年）設置遼都指揮使司，以馬雲、葉旺為都指揮使總制遼東諸地。關於清建國的史料記載甚多，但由於時間較長，涉及的民族又較，而且民

族關係常有變化，加上語言文字的差異，因此史料具複雜性和欠缺一致，增加了認識難度。研究清開國的歷史，必須先考證有關史料的可靠性，排比其統一性，始不致造成混亂。

論者指出，謝國楨編《清開國史料考》做了很多工作，綜合了大量史料和文獻著作，詳細加以考證，對清建國的歷史得出重要的研究成果和獨到見解。此書內容豐富，是探討清開國史事必備的參考資料。[9]北京出版社於 2014 年出版的最新版本，附錄〈重印本識文〉及〈敍論訂補編〉，書末有邱居里〈點校後記〉，方便使用。孟森在清開國史事方面做了不少工夫，謝國楨此書可以用作互相參照。

謝國楨在〈敍論訂補編〉中說：「自民國改元，人士乃稍稍研究清初史事，若近人章炳麟之《清建國別記》，孟森之《清朝前紀》，此其犖犖大者。」又說：

> 右既舉清開國史料之大凡，然吾所以謂孳治明清史事，必須整理史料者，其故因清代官修之書屢次修改，事實全非。其修改重要之點，一在臆改舊文，二在沒減史跡。茲先就臆改舊文處言之。一、《實錄》歷次之修改。……二、刪改舊文。……三、粉飾事實。……所謂沒減史跡者有三：一、明廷征服遼東，北至黑龍江、庫頁島諸地，為自唐征服遼東以後武功僅有之事。……二、建州之名，載在明人著述，彰彰可考。三、……清初史事，至乾隆以後惡其不文，頗多避諱。

9　《二十世紀中國學術要籍大辭典》，王一方〈清開國史料考〉條，頁 503–504。

　　文末認為：「蓋考訂史料之事，在於排比舊說，去其重覆，考其源流，列為長編。或考訂舊事，創為新史，史料既富，則真相自明，加以斷制，則頭緒不紛。如其故為創見，不如信而闕疑。至於審定史事，辨別真偽，是在讀者而已。」[10] 孟森的《清朝前紀》和謝國楨的《清開國史料考》，可說是前後呼應的著作。

10　謝國楨著《清開國史料考》(北京：北京出版社，2014 年)，附錄〈敍論訂補編〉，頁 287–291。

第七章　黨社運動和南明史事

　　早在 1930 年代，謝國楨即以他在中央大學的歷史科講義為藍本，加以修改，而成《明清之際黨社運動考》（上海：商務印書館，1934 年）。「黨社運動」就是指黨爭和結社運動，後來也有一些著作稱之為「社黨」的。[1]謝氏此書的內容，包括明代萬曆時期的朝政及各黨的紛爭、東林黨議及天啟年間的黨禍、崇禎朝的黨爭、清初順治及康熙年間的黨爭、復社始末等，並且強調黨爭是明朝衰亡的主要原因之一，對清初政治亦造成巨大影響。

　　崇禎殉國及清兵入關後，明宗室在人民羣眾支持下，建立南明政權，領導抗清戰爭。謝國楨著《南明史略》（上海：上海人民出版社，1957 年），是論述這方面的先驅著作，樹立了較全面的敍說體系，絕不因其簡明淺白而失卻重要性。在此之前，他出版了題為《清初流人開發東北考》（上海：開明書店，1948 年）的小冊子，從另一角度探討了這時期的史事，指出流徙人物對東北地區的開發作出了極大貢獻。以上三書，共同構成明末清初的歷史圖景。

第一節　明清之際的黨社運動

■ 明末東林黨議

　　明末黨爭異常激烈，東林黨、復社是以江南士大夫為主的政治集團。

1　例如朱倓著《明季社黨研究》（上海：商務印書館，1945 年）。

萬曆二十二年（1594年），吏部文選司郎中、無錫人顧憲成（1550－1612年）忤當政意旨，削職歸鄉，與高攀龍、錢一本、薛敷教、史孟麟等人講學於東林書院。萬曆三十二年（1604年），東林書院整修一新，顧憲成在書院大會吳越士友，講學之餘，諷議朝政，裁量人物。當時不滿權貴的士大夫和退居林下的官僚，羣聚於東林書院，朝士慕其風者，亦多遙相應和。他們以清流自視，反對橫徵暴斂，要求撤回礦監稅使，減輕民眾負擔，主張改革朝政，任用賢能，澄清吏治，引起一些權貴嫉視。

天啟初，趙南星、鄒元標與韓爌、葉向高入閣，東林盛極一時。天啟四年（1624年），司禮監秉筆太監魏忠賢結閹黨，操縱朝政，排擠葉向高、趙南星、韓爌出閣；又逮捕曾經彈劾過他的楊漣、左光斗、魏大中、黃遵素等人入獄，並加殺害。凡與閹黨不合者，都被列入東林，編為《東林點將錄》，榜示一百零八名正直之士的「罪狀」；又修《三朝要典》，凡二十四卷，以紅丸案、梃擊案、移宮案為題，誣害東林黨人。明思宗即位，懲治閹黨，魏忠賢自縊，東林黨人恢復官職。直至南明時期，黨爭仍未停息。

■ 晚明三大案

晚明三案是直接間接激化黨爭的導火線，先說梃擊案。萬曆四十三年（1615年）五月四日，有不知名男子手持棗木棍，闖入太子朱常洛住處慈慶宮，毆傷守門宦官。此人被捕後，供稱名叫張差，是鄭貴妃手下太監龐保、劉成引入宮內；刑部提牢主事王之寀認為是有人指使，巡視皇城御史劉廷元則認為此人跡似瘋癲，朝臣議論不一。明神宗和太子都不願深究，聲言防止外人離間，認定張差瘋癲，把他處死，隨後於內廷擊斃龐保、劉成了事。

其次是紅丸案。萬曆四十八年（1620年），明光宗即位，鄭貴妃進女樂兩部、宮女四人。不久光宗病重，司禮監秉筆兼掌御藥房太監崔文升下

瀉藥，病情加劇；鴻臚寺丞李可灼連進紅藥兩丸，聲稱是仙丹，光宗服後即死。羣臣上疏，懷疑鄭貴妃指使下毒，引起爭論。大學士方從哲從中調護，事久不決。天啟二年（1622年），將崔文升發遣南京，李可灼遣戍邊地。其後魏忠賢專擅朝政，推翻此案，免李可灼遣戍，擢崔文升為漕運總督。

接着是移宮案。泰昌元年（1620年），明光宗朱常洛死，太子朱由校年幼，撫養太子的李選侍據乾清宮，與心腹宦官魏進忠（魏忠賢的原名）共謀挾持太子執掌朝政。朝臣楊漣、左光斗、劉一燝等為防止李選侍等人專權，使太子還居慈慶宮，並迫使李選侍遷至噦鸞宮，然後再引太子還乾清宮，即帝位，是為明熹宗，改元天啟。後來此事成為派系爭論的題目，更因《三朝要典》的編撰而使三案都與東林黨人扯上關係。

■ 復社和幾社

回說復社。崇禎二年（1629年），江南名士、太倉人張溥（1602－1641年）、張采把應社、幾社等文社合併為復社。崇禎六年（1633年），在蘇州虎丘召開復社大會，江南及江西、福建、湖廣、貴州、山東、山西等地士子赴會者多達數千人，並刊行《國表社集》。復社以繼承東林自居，要求清除閹黨殘餘勢力，重振朝綱，發展甚為迅速，成員達數千人。崇禎十一年（1638年），社中名士吳應箕、陳貞慧、侯方域、黃宗羲、沈壽民等羣聚南京，撰《留都防亂公揭》，揭露逆案中人阮大鋮罪狀。明亡，福王監國後，馬士英、阮大鋮當政，打擊復社名士；清軍南下，吳應箕、陳子龍等武裝抗清。自此之後，復社就不再有活動了。

上文提到的幾社，是明末松江士子陳子龍（1608－1647年）、夏允彝（？－1645年）、杜麟征、周立勳、徐孚遠、彭賓等人於崇禎二年（1629年）創立的，倡經世致用之學，取友甚嚴，非師生子弟不准入社。加入復社後，幾社組織對內仍保持，埋首讀書，以復王李之學為己任。後社友增多，分

裂為求社、景風社等小社團。清軍南下，夏允彝、陳子龍在松江聯合清將吳勝兆起義，被捕殉節，社友由會文轉為抗清。清初開科取士，幾社名士張九徵、宋徵等紛紛應試。幾社後裔分立門戶，於康熙初年趨於消亡。

■ 從黨爭到結社

謝國楨著《明清之際黨社運動考》於 1934 年初版，論述了東林黨爭和復社、幾社等的集會結社活動，乃至當時的社會政治制度等，是研究明代政黨的重要著作。[2] 正文分為十三章：

一、〈引論〉，闡述黨、社的意義；

二、〈萬曆時代之朝政及各黨之紛爭〉，敍述宮廷的紊亂和三大案的發生；

三、〈東林黨議及天啟間之黨禍〉；

四、〈崇禎朝之黨爭〉；

五、〈南明三朝之黨爭〉；

六、〈清初順治康熙間之黨爭〉；

七及八、〈復社始末〉（上、下）；

九、〈幾社始末〉；

十、〈大江南北諸社〉；

十一、〈浙中諸社（附閩中諸社）〉；

十二、〈粵中諸社〉；

十三、〈餘論〉。

附錄〈明季奴變考〉、〈清初東南沿海遷界考〉、〈清初東南沿海遷界補考〉及〈記清初通海案〉。

2　王國榮、丁建勇、曹維勁主編《20 世紀中國學術名著精華》（上海：學林出版社，1998 年），莊建明〈明清之際黨社運動考〉條，頁 415。

《明清之際黨社運動考》的結論認為，萬曆年間是東林黨與齊、崑、宣三黨相爭的時期，天啟年間是魏黨專橫的時期，康熙年間是黨爭的末路。書中又考證了明代結社與書坊的關係，應社、復社、幾社等在抗清活動中的作用。觀點新穎鮮明，對了解明清之際的黨社運動和政治情況有重要價值。[3]

謝國楨在青年時代讀全祖望《鮚埼亭集》的時候，已感到明季掌故很有趣。他覺得明末東林黨爭和復社、幾社等結社活動，與當時的社會、政治關係至為密切，如果忽略這些事實，就很難全面地、準確地了解明清之際的歷史。因此，謝國楨在撰寫《晚明史籍考》時，凡是關於明季黨爭和集會結社的材料，即隨手摘錄下來。

《明清之際黨社運動考》以黨爭和結社為背景，敍述明清易代之際的歷史變遷，明季社會狀況及士大夫的一些風氣，均可從中反映出來。作者以語體文寫考證文章，用通俗的文字、史話的體裁表達了這段歷史，記敍平實，使讀者不會感到枯燥乏味。[4] 此書一出，即獲魯迅好評，稱其「鈎索文籍，用力甚勤」。

1967 年，台灣商務印書館據《明清之際黨社運動考》初版影印。1982年，此書由北京中華書局重印。上海書店出版社 2004 年版，有謝國楨撰〈中華書局重印本前言〉及〈自序〉。最新的一個版本由北京出版社於 2014年印行，正文章次內容相同，書末附錄增加了一篇〈清初東北流人考〉。

3　王繼祥主編《中國學術著作總目提要・歷史地理卷 (1978–1987)》（長春：吉林教育出版社，1996 年），〈明清之際黨社運動考〉條，頁 136–137。

4　中外名人研究中心、中國文化資源開發中心編《中國名著大辭典》（合肥：黃山書社，1994 年），〈明清之際黨社運動考) 條，頁 493。

■ 明季「奴變」和清初遷界令

〈明季奴變考〉是謝國楨著早期的論文，有清華大學出版《清華學報》1932 年單行本 (28 頁)。「奴變」即家奴的反叛，是明末清初之際形成的一種抗爭。謝國楨認為其發生原因是主人的欺壓，及清兵南下破壞了社會的正常秩序。「告奸」是奴變的繼續，發生在清初順治至康熙年間，是奴僕告主人反清。謝氏此文記述了奴變與告奸事件，並探討其發生原因。文末附孟森撰〈讀《明季奴變考》〉一文，提出不同的看法。孟森有兩個意見：一是奴隸制度在中國的由來；二是奴變一事在中國不能算是階級鬥爭。謝國楨說：

> 我對於孟先生這個意見，第一，能補我的不足，極表感謝；第二，我不過考察當日的情勢，並沒有與歐美的奴隸制度階級鬥爭並提而論。但據《研堂見聞雜記》上說：「男子入富家為奴，即立身契，終身不得雁行立，間有富貴者，以多金贖之，即名贖，而終不得與等肩，此制取人奴之律令也。」且明季有索賣身契和只許一代相統的事，這顯然含有民族階級運動的意味在內。不過孟先生的時代觀念不同，所以所持的意見也就不一樣了。

文末表明，孟森治學的精神他是極為佩服的。孟森、謝國楨二人治史觀點之異同及研究明清史的傳承關係，於此可見一斑。

〈清初東南沿海遷界考〉指出遷界之事殃及江、浙、閩、粵、魯五省人民，其成禍之因約有三端：(一) 由於清廷之畏鄭成功；(二) 由於鄭氏之軍法過嚴，將吏多降入清；(三) 由於明季遺民之通海。文中對遷界之始末、各省遷界狀況均予敘述，並有關於遷界詩文之記載。〈清初東南沿海遷界補考〉包括三項：(一) 關於遷界之奏疏；(二) 會勘邊界招集流民情

形；（三）服官東南人士目擊遷界之苦。〈記清初通海案〉計有四節：（一）
吳縣金聖歎之獄；（二）浙中祁班孫魏耕之獄；（三）浙案波及之人；（四）
海事餘聞。

■ 表彰民族不撓的精神

回到《明清之際黨社運動考》一書的主旨，開宗明義，謝國楨於〈引
論〉指出黨和社二者的分別和共通之處，他說：

> 在明朝末年，政治和社會裏有一種現象，一般士大夫階級活
> 躍的運動就是黨，一般讀書青年人活躍的運動就是社。「黨」和
> 「社」名詞雖然不同，但都是人民自覺的現象。

進而強調：「社的起初不過是論文的集會，但它的結果變成了社會上
抗清的運動，在吾國民族精神上應當表彰的。」在〈自序〉中，謝國楨表明
了他寫這本書的宗旨：

> 因我昔年讀全謝山（祖望）《鮚埼亭集》，我感到明季掌故的
> 有趣。我覺得明亡雖由於黨爭，可是吾國民族不撓的精神卻表現
> 於結社。其間又可以看到明季社會的狀況和士大夫的風氣，這是
> 在研究吾國社會史上很重要的問題。所以我寫這篇文字就以黨爭
> 和結社為背景，來敍述明、清之際的歷史，以喚起民族之精神。

完成《明清之際黨社運動考》之後，謝國楨自謂「治明清史的興味已
經沒有以前濃厚了」，而是「想由清初以上推到遼、金、渤海的歷史，來做
東北史整個的研究；又想讀點史學基本書籍，以藥不學之苦。」在他的治

學史上存此一集，聊覘其治學過程罷了。

近年學界出版的相關著作，有日本學者小野和子著《明季黨社考──東林黨與復社》（京都：同朋舍出版，1996 年），此書有李慶、張榮湄的中譯本，由上海古籍出版社於 2006 年出版。

第二節　清初東北流人事跡

■ 士人流徙東北的原因

謝國楨著《清初流人開發東北考》（上海：開明書店，1948 年），是「開明文史叢刊」的一種，有台灣開明書店 1969 年影印本，僅 100 頁。書中舉例介紹了清初謫戍東北的三種情況：遷徙、充軍、發遣；指出清初士大夫流徙遼左，不外下列幾個原因：

（一）順治十四年丁酉（1657 年）科場獄案，吳兆騫、孫暘等都是在這一案的人物。

（二）清初史獄及文字獄，如南潯莊廷鑨修明史獄及戴名世《南山集》獄，以及查嗣庭、胡中藻的文字獄，皆屬於這一類。

（三）清初通海案，順治年間抗清活動事平之後，清廷遷怒士民，誣以通海之罪，祁理孫、楊越之謫戍遼海，就屬於這一類。

（四）平定三藩案，凡附屬吳三桂的滇人悉配戍於尚陽堡，凡與三藩通謀的人如陳夢雷、金鏡、田起蛟、李學詩等，俱從寬免死，發給披甲新滿洲為奴。

（五）順治間的朋黨案，清初滿漢本不融洽，滿洲人與滿洲人為黨；而漢人則北人與南人各自為黨，馮銓為北人之黨，陳名夏、金之俊、陳之遴為南人之黨，彼此攻評。陳名夏被誅，陳之遴謫戍遼左，即屬於這一類。

（六）雍正間年羹堯和隆科多獄案，隆科多禁錮終身，其子玉柱發往黑龍江當差，門生故吏如汪景祺、查嗣庭被罪論斬，妻子兄弟發往寧古塔為奴，就屬於這一類。

■ 流人開發東北的功勞

謝國楨說，他撰寫《清初流人開發東北考》，是受到陳垣著《明季滇黔佛教考》的啟發，本想博參羣籍作較精湛的考證，但因身處上海，只能作概略的敍述。全書分為十章：一、〈引論〉；二、〈僧函可謫戍瀋陽〉；三、〈順治丁酉（1657 年）科場獄案與吳兆騫孫暘等之流徙〉；四、〈吳梅村與營救流人之關係〉；五、〈浙中通海案遣戍諸人〉；六、〈龍眠方氏舉家遷徙及《南山集》獄〉；七、〈三藩之變與陳夢雷兩次流徙〉；八、〈其他遣戍諸人〉；九、〈結論〉；十、〈餘記〉。書末附錄〈清初東北流人遷徙年表〉。

謝國楨指出：「清初謫戍實在是一個遷民實邊的政策，謫戍到東北去的人，至少也要在數十萬人以上，其中流離道路，窮死異鄉，更不知犧牲了多少人民。」又說：「把遊牧時代的滿洲，變成了農產豐盛的名都，這都是我們流徙東北的人們和當地居民，其中包括滿族人民多年經營、創獲所得的結果，對於開發吾國東北，無異得到下列幾種影響。」其一，是民族精神的團結；其二，是商賈之雲集；其三，是農業之發達；其四，是文化之進展。

《明清之際黨社運動考》（北京：北京出版社，2014 年）附錄〈清初東北流人考〉，是 1981 年謝國楨在北京據早年著作《清初流人開發東北考》重新改定的長文，凡 92 頁，可視為《清初流人開發東北考》的改定本。前此出版的《明末清初的學風》一書亦有收錄此文。

〈清初東北流人考〉是謝國楨在解放前經過東北時所見的情況，俯今思昔，摭拾舊聞，纂輯而成的長文。當中對於清初獲罪而充軍謫戍到東北

去的地主文人考述尤詳，而於下層百姓「走關東」對繁榮社會經濟的作用則未能顧及，雖然如此，其搜輯筆記史料之勤及信實考證的方法，提供了一條治學的門徑。[5]

第三節　顛沛流離的南明政權

■ 南明政權的起伏

明亡以後，明宗室先後在南方建立政權達十八年之久，計有福王朱由崧（弘光帝）、唐王朱聿鍵（隆武帝）及其弟朱聿鐭（紹武帝）、桂王朱由榔（永曆帝）和監國魯王朱以海，史稱南明。

（一）弘光政權 —— 清順治元年（明崇禎十七年，1644 年）五月初三首先建立，馬士英、史可法等奉明朝福王朱由崧於南京監國，五月十五日即皇帝位，年號弘光；翌年五月十五日，大臣趙之龍、王鋒、錢謙益等獻南京城投降清軍；二十二日朱由崧被獲，解北京處死。弘光政權覆滅。

南明弘光朝發生過三次政治事件，史稱「南渡三疑案」。第一件是「大悲案」。蘇州僧人大悲，俗姓朱，與南下的潞王朱常淓相識，認作本家。順治元年十二月至南京，弘光帝懷疑他是為潞王伺探消息，下獄；阮大鋮更欲借此事興大獄，朝士皆自危，後來大悲被處死。第二件是「童氏案」。河南民婦童氏自稱是福王舊妃，但福王拒不相認，遂下獄拷死。第三件是崇禎太子案。崇禎太子朱慈烺，明亡後不知所終，弘光元年（1645 年）三月，有自稱太子者自北至南京，弘光帝命馬士英等辨驗真偽，奏係故駙馬都尉王昺姪孫王之明假冒，乃下獄，清軍攻佔南京後不知所終。

5　中外名人研究中心、中國文化資源開發中心編《中國名著大辭典》，〈明末清初的學風〉條，頁 490。

（二）隆武政權——清順治二年（1645 年）閏六月初七，明朝福建巡撫張肯堂、禮部尚書黃道周及南安伯鄭芝龍、靖虜伯鄭鴻逵等，奉唐王朱聿鍵稱監國於福州，閏六月二十七日稱帝，改福州為天興府，以是年為隆武元年。隆武二年（1646 年）七月，清軍攻下浙東浙南，即揮師南下，鄭芝龍暗中與清軍洽降，撤兵還安平鎮。福建門戶敞開，清軍長驅直入，隆武帝出奔汀州，八月二十八日被清軍追及擒殺，隆武政權滅亡。

（三）魯王監國——清順治三年（1646 年）閏六月二十八日，在浙江餘姚、會稽、鄞縣等地抗清義軍及故明官吏縉紳的扶持下，明朝魯王朱以海監國於紹興，但建立不到一年即告滅亡。魯王逃亡海上，輾轉進駐舟山；順治八年（1651 年），清軍攻佔舟山，魯王為張煌言等扈至廈門，旋移駐金門。順治十年（1653 年），去監國號。康熙元年（1662 年），朱以海在金門病逝。

（四）紹武政權——清順治三年（1646 年）十一月初二，大學士蘇觀生、隆武輔臣何吾騶等於廣州扶立朱聿鍵之弟唐王朱聿鐭為帝，改元紹武。同年十二月十五日，清軍李成棟部攻入廣州，朱聿鐭等皆死。紹武政權僅存 41 天。

（五）永曆政權——清順治三年（1646 年）十一月十八日，明兩廣總督丁魁楚、廣西巡撫瞿式耜等擁戴桂王朱由榔於肇慶稱帝，以次年為永曆元年，在抗清名將何騰蛟、瞿式耜、堵胤錫、鄭成功等的支持下，尤其是大順、大西農民軍與之聯合抗清，永曆政權得以生存下來，支撐台灣及中南、西南數省半壁江山。但永曆朝政治腐敗，統兵將帥專橫跋扈，朝廷之中，宦官專權，朋比為奸，內訌激烈。順治十五年（1658 年）四月，清軍主力從湖南、四川、廣西三路進攻貴州，於年底進入雲南，大西軍精銳損失殆盡。翌年正月，永曆帝狼狽西奔，進入緬甸。順治十八年（1661 年），

吳三桂率清軍入緬；同年十二月，永曆帝被俘。次年四月，永曆帝與其子
等被吳三桂縊殺。南明最後一個政權，至此結束。（表 8）

表 8　清初南明年號對照表

公元	干支	清朝年號	明朝／大順／南明年號
1644	甲申	順治元年	（明）崇禎十七年；（大順）永昌元年
1645	乙酉	順治二年	（大順）永昌二年；（南明）福王弘光元年、唐王隆武元年
1646	丙戌	順治三年	福王隆武二年、魯監國元年、唐王紹武元年
1647	丁亥	順治四年	魯監國二年、桂王永曆元年
1648	戊子	順治五年	魯監國三年、桂王永曆二年
1649	己丑	順治六年	魯監國四年、桂王永曆三年
1650	庚寅	順治七年	魯監國五年、桂王永曆四年
1651	辛卯	順治八年	魯監國六年、桂王永曆五年
1652	壬辰	順治九年	魯監國七年、桂王永曆六年
1653	癸巳	順治十年	魯監國八年、桂王永曆七年
1654	甲午	順治十一年	桂王永曆八年
1655	乙未	順治十二年	桂王永曆九年
1656	丙申	順治十三年	桂王永曆十年
1657	丁酉	順治十四年	桂王永曆十一年
1658	戊戌	順治十五年	桂王永曆十二年
1659	己亥	順治十六年	桂王永曆十三年

註：此外還有南明韓王朱本鉉，年號定武，凡十八年（1646－1663 年）。

■ 流暢易讀的《南明史略》

崇禎殉國及清兵入關後，明朝宗室在人民羣眾支持下，建立南明政權，領導抗清戰爭，其間雖然只有短短十餘年，但因有關記載極為紊亂，錯綜複雜，要對南明史事作出全盤的系統研究，是很不容易的。謝國楨是研究明清之際史事最有成就的學者，他撰寫的《南明史略》，就是這方面很難得的一部著作，他根據自己多年搜集得來的資料，用深入淺出的筆法，將南明歷史有條理地整理表達出來，開創和奠基之功，應予肯定和重視。[6]

《南明史略》全書共十一章，內容編排如下：

一、〈明季社會背景〉；

二、〈農民大起義與清兵的入關〉；

三、〈人民扶持下南明弘光王朝的建立〉；

四、〈大江南北的義師〉；

五、〈冀魯豫義軍的興起〉；

六、〈浙中的義師與魯王監國的紹興〉；

七、〈長江中游的義師與閩中建立的隆武王朝〉；

八及九、〈西南建立的永曆王朝〉（上、下）；

十、〈鄭成功、張煌言所領導的義師，及鄭成功攻克台灣〉；

十一、〈全國人民繼續不斷地展開反清運動〉。

書末附〈大事年表〉。

謝國楨在此書的〈結束語〉中，指出南明史發展進程中的幾個特點：第一，由於外族入侵，各地人民包括各階級各階層的人士，都參加了抗清戰爭，主力是農民軍，而地主階級組織的義軍也發揮了一定的力量；第

6　周佳榮編著《明史研究書籍提要》（香港：香港浸會大學歷史學系亞太文獻中心，2008年），〈南明史略〉條，頁 16–17。

二，南明政權之所以能夠建立，是由於人民羣眾的支持；第三，在封建社會內，有英勇的人民羣眾，也有腐朽的統治階級，二者之間有不可調和的矛盾；第四，明朝的宗室藩王，無論是弘光帝、永曆帝抑或魯王，都屬於明朝統治階級中腐朽階層中的人物，不信任羣眾及開明的官僚士紳，因之南明政權得不到中興，恢復的事業終歸失敗。

謝國楨認為，由於明末清初社會已經是封建社會的末期，抗清戰爭也貫穿了階級的鬥爭，這極其複雜而尖銳的鬥爭，促進了社會的向前發展。在各階級階層中，湧現出不少愛國志士，他們在一定程度上都起了進步作用。在尖銳的鬥爭中，成長了先進的政治家和思想家，如顧炎武、黃宗羲、王夫之，劉繼莊等知名學者，他們反映了當時愛國運動的情況，推翻了王守仁以來主觀唯心論的學說，建立了接近於唯物論的思想，及民主主義進步學說。

此外，還有很多愛國志士兼文學家，如夏允彝、陳子龍等，以及吳偉業、閻爾梅之輩，他們以生動的筆墨，描寫了民族英雄可歌可泣的故事，又用迂迴曲折的文字抒發抑鬱不平的情懷，在文學史上放一異彩。明末清初之際，南明政權興替的十餘年間，不但產生了許多可歌可泣的愛國英雄事跡，同時出現了有價值的學術思想和文學作品。這些都是足以記載和值得加以論述的。謝國楨《南明史略》一書敘事生動，語言流暢，論證確鑿，是一部成功的歷史作品，對於學習和研究南明歷史，有一定的參考價值。[7]

謝國楨的研究課題，是一環緊扣着一環的。論者亦強調，謝氏《南明史略》是中國第一部比較有系統的南明史著作。關於南明史事的記載頭緒紛亂，錯綜複雜，此書從它的發展進程中概括出一些特點，書末附有提綱挈領的大事年表。同時又指出，「本書的著述只能算是草創，有關南明史

7　《二十世紀中國學術要籍大辭典》，王一方〈南明史略〉條，頁 495–496。

料的搜集不算詳盡，理論闡述也頗多商榷之處。」[8] 正如謝國楨自己所說，精確詳細的南明史還有待後人的共同鑽研。

近年南明史研究漸成顯學，已刊專書有：毛一波著《南明史談》（台北：台灣商務印書館，1970 年）、南炳文著《南明史》（天津：南開大學出版社，1992 年）、顧誠著《南明史》（北京：中國青年出版社，1997 年）及錢海岳撰《南明史》十四冊（北京：中華書局，2006 年）；美國學者司徒琳（Lynn A. Strure）著，李榮慶、郭孟良、卞師軍、魏林譯《南明史：1644 – 1662》，由上海書店於 2007 出版，原書是英文關於南明史的第一種著作。

8　中外名人研究中心、中國文化資源開發中心編《中國名著大辭典》，〈南明史略〉條，頁
　　565 – 566。

第八章　明末清初的學者和學風

　　1930 年代，謝國楨先後出版了《顧寧人學譜》和《黃梨洲學譜》，介紹顧炎武、黃宗羲二人的學術和學風，以及他們在明末清初的交遊活動。此二書於 1950 年代再版，前者改題《顧亭林學譜》，內容有較大幅度修改，觀點亦與初版有所不同。

　　《明末清初的學風》則是有關這歷史時期學術方面的論文結集，1982年北京人民出版社出版，收論文十二篇，凡二十一萬六千字，內容主要探討明末清初思想文化和文人士子從事政治、文化活動的事跡，敍述清初幾次文字獄和當時殘酷的政治鬥爭；此外，對農民起義和資本主義萌芽等社會經濟問題，提出若干新的看法和史事補充。謝國楨自己說，他追隨孟森著《心史叢刊》之後，把文章纂輯而成《明末清初的學風》，此書可以用來說明他平生研究學問旨趣的所在。

第一節　顧炎武事跡和學術思想

■ 顧炎武的生平和主張

　　明初學術思想以理學 —— 尤其是程朱之學為中心，朝廷以「制義」（八股文）取士，即依照經書的意義發揮，然而此類言論在一定程度上有利於專制君主鞏固其統治。對於這種學風的反動，是王陽明學派的興起，至其末流，逐漸造成「空言道德」、「侈談性命」的學術風氣。明清之際的

大師黃宗羲、顧炎武、王夫之等，對此深惡痛絕，他們批評了只尚空談、脫離現實的錯誤，提倡「經世致用」，即治理世務之用。其中發揮得最透徹的是顧炎武，他認為學習、引徵古人的文章和言行，應以「治事」、「救世」為急務，其〈與人書〉（二）強調：「凡文之不關於六經之指、當世之務者，一切不為」；又說「君子之學，以明道也，以救世也。」

在顧炎武看來，要改變黑暗腐朽的社會，應當整頓「人心」，只有撥亂反正、移風易俗，始能出現「通當時之務」的人才。首先，他針對王陽明「心即理」的理學，認為「古之所謂理學，經學也。」其後全祖望述顧氏之說，總結為「經學即理學」一語，大體上是符合顧炎武本意的。所謂「致用」的學問，就是學以致用和見諸行動。其次，在治學方法上，顧炎武主張研究學問要有創見，要提出問題和提出看法，有自己的心得；他又主張博證，廣求證據，既要重視書本，也要重視社會實地驗證。總之，顧炎武的經世致用思想和求實重據方法，對清代二百多年的學術風氣，影響是很大的。[1] 正如梁啟超著《清代學術概論》指出一般，顧炎武「終身所撰者，蓋不越此範圍。……其標『實用主義』以為鵠，務使學問與社會之關係增加密度，此實對於晚明之帖括派、清談派施一大針砭，清代儒者以樸學自命以示別於文人，實炎武啟之。」

顧炎武（1613－1682 年），別字寧人，江蘇崑山亭林鎮人。少年時，曾參加復社反宦官權貴的鬥爭。清兵南下，嗣母王氏殉國後，又參加崑山、嘉定一帶的抗清活動。其後曾十謁明陵，遍遊華北，所至之處，訪問風俗，搜集材料，尤致力於研究邊防和西北地理。與此同時，又墾荒種地，糾合同道，不忘興復。其人學問淵博，對國家典制、郡邑掌故、天文儀象、

1　周佳榮編著《明末以來中國思想史》修訂版（香港：香港公開大學，2000 年），單元一〈十七至十八世紀的學術思想文化〉，頁 5–10。

河漕兵農，以至經史百家、音韻訓詁之學，無不深究。晚年治經側重考證，開清代樸學風氣。著有《日知錄》、《天下郡國利病書》、《音學五書》、《亭林詩文集》等。

■《顧亭林學譜》的大要

謝國楨此書初名《顧寧人學譜》（上海：商務印書館，1930 年），約七萬五千字，旨在介紹顧炎武的學術和學風，供讀者閱覽和研究參考。編寫方法大體仿效黃宗羲的《明儒學案》和李穆堂的《陸子學譜》，全書分為四章：一、〈傳略〉，介紹顧炎武生平事跡、學問和品格；二、〈學術述要〉，將顧炎武的著作《日知錄》、《天下郡國利病書》等，撮要鉤玄，分為經學、治道、文史諸篇，進行較系統的介紹，以見顧氏學術思想之梗概；三、〈著述考〉，考其著述存亡和版本原委；四、〈學侶考〉，敍述晚明社會背景和顧炎武的交遊活動，以見其時代之學風。謝氏此書有台灣商務印書館1967 年影印本。

其後謝國楨將舊著作了較大修改，題為《顧亭林學譜》（北京：商務印書館，1957 年），增至十一萬六千字，其〈改寫本序〉交代了修訂經過和改寫情況。整體來説，改寫本有以下幾個特點：其一，仍然沿用原來的體裁分為四章，但每篇之下新分若干節，使全書顯得條理分明，次第有序；其二，用允分的史料，較詳細地記述了顧炎武愛憎分明的品格，與惡勢力作鬥爭的勇氣，以及挺身抗清鬥爭第一線的愛國精神和民族氣節；其三，廣徵博採各類材料，精闢詳審地論述顧炎武的學術思想、政治主張和治學態度，闡明他反對宋儒空談「性命」的理學和王守仁「直指本心」、「致良知」種種主觀唯心論的説法，確信客觀事物的存在，注重實際情況的調查，確立了傾向唯物主義的思想體系和世界觀。

　　論者指出，謝國楨《顧亭林學譜》的撰寫方式和內容不完全依照舊本，而是重新安排，試圖用馬克思主義的觀點、立場和方法，對顧炎武一生事跡及其所處社會環境、學術思想、重要著述和志同道合的朋友作評介和論證。「改寫本內容更充實，論述更精當，更具學術價值，是研究顧炎武及其思想的重要參考書。」[2]

　　謝國楨認為，顧炎武的進步方面表現於以下五點：第一，盡其畢生力量與惡勢力作鬥爭，發揮了高度的愛國精神和民族氣節；第二，打破了元明以來主觀唯心論空虛的學說，建立了傾向於唯物主義的思想體系；第三，打破了舊的陳腐的理論，建立了優良的研究學問的方法，又善於總結經驗，明了事物發展的規律，在一定程度上能作出原則性的結論；第四，愛憎分明，有堅定的立場；第五，把畢生的力量貢獻於愛國運動和學術事業。[3]《顧亭林學譜》此書新舊兩個版本均不難覓得，讀者如詳加比較，可以窺見謝國楨研究學術思想在論點上和方法上的進程，以及他在不同時期的治學態度。

第二節　黃宗羲事跡和學術思想

■《黃梨洲學譜》的論旨

　　黃宗羲（1610－1695 年），浙江餘姚人，字太沖，號南雷，世稱梨洲先生。他曾聯合復社，反對宦官；清兵南下時，在鄉里組織義兵抗清，清廷屢次懸賞緝捕他，以後隱居著述。黃宗羲於學無所不窺，包括天算、樂

2　《二十世紀中國學術要籍大辭典》，張文玲〈顧寧人先生學譜〉條，頁 101–102。

3　謝保成、賴長揚、田人隆編《中國史書目提要》，〈顧亭林學譜〉條，頁 280–281。

律、經史、九流百家以及佛道之書；又依其父「學者不可不通曉史事」之遺訓，自有明十三朝實錄以至二十一史，最所精研。著《明夷待訪錄》抨擊君主專制，建議制定統一的幣制；另有《明儒學案》，敍述明代講學諸儒流派分合得失，是中國第一部完善的學術史，然所著《宋元學案》則未完成。在學術觀點上，以慎獨為宗，躬行為主，主張「躬行實踐」、「學貴踐履」，確立「道德不離事功，事功不忘節義」的原則，教人把道德建立在事功的基礎上，認為離開事功就沒有道德可言。著作還有《南雷文定》等，今人編有《黃梨洲文集》、《黃梨洲全集》等。[4]

謝國楨著《黃梨洲學譜》，1932 年上海商務印書館初版；台灣商務印書館 1967 年版，即據此影印。後經謝國楨修訂，1956 年北京商務印書館再版。此書分為〈傳纂〉、〈學術述略〉、〈著述考〉、〈學侶考〉、〈梨洲家學〉、〈梨洲弟子〉、〈梨洲私淑〉七部分：

一、傳纂 —— 據《南雷集》、《鮚埼亭集》、《梨洲神道碑文》、《疇人傳》、《漢學師承記》、《文獻徵存錄》、《明儒學案》、《小腆紀年》、《浙江通志》等史書和文獻材料撰寫，概述黃宗羲的生平事跡。

二、學術述略 —— 介紹黃宗羲的學術思想、政治思想、史學和文學，認為黃氏開有清之史學，天資卓絕過人，其長處可約略為二：第一是精研史事，「雖上及二十一史，靡不究心；而啟迪後學，尤在於有明一代之史學，即專致力於當身之近代史，此與熟於古而不知今者，有所不同」；第二是喜搜輯鄉邦文獻，「人物之傳記，乃至典章制度、地理、水利、天算曆法，均能抉其樊籬，而匯集其長，此上游深寧〔王應麟〕東發〔黃震〕之學，〔馬〕端臨漁仲〔鄭樵〕之旨，所謂坐而言可以起而行也。」

謝國楨指出，黃宗羲對於史學的創獲，立論之旨，約有四端：（一）重

視訪求各家遺著，搜求史料，加以判斷，「觀其所著之《明文海》、《明儒學案》可見，均搜輯數百家之著述，積數十年之力而後成者也」。（二）重視史書志表的製作，實開清人為前史補志補表之業。（三）重視地理及曆法等學問，黃氏「史學之範圍，非獨及於政治學術而已。其能考定史事之真偽，時代之確正，尤在於地理、曆法諸學。梨洲之於史學，尤注意於地理、曆法長術。」（四）於史學組織尤重條例，其《明儒學案》條理精密，「即如所著之《金石要例》，亦於金石中之稱謂，得一綜合之例，引用此法，於史學之事實及年代，能得一比較確實之證據，開後人考史之風。」從而強調「清代浙東史學即導源於此，章實齋〔學誠〕之史學，完全由梨洲之史學嬗變而出者也。」

三、著述考——根據全祖望所撰《神道碑》及江藩《漢學師承記》、黃蔚高《誦芬室詩略》等，廣集黃宗羲所著書目，次其先後，專錄題跋，使讀者知黃氏著述之大要。考其著作《明儒學案》、《宋元學案》、《易學象數論》、《明文海》、《明夷待訪錄》等，總共七十餘種。

四、學侶考——將黃宗羲一生分為「少年黨錮時期」、「結社時期」、「復國運動時期」、「潛伏授學時期」、「撰述探討及終老時期」，並考察黃氏五個時期的師友交往情況。

其餘三部分，依次為：五、梨洲家學——考者有二，一為黃宗炎，二為黃宗會，二人為黃宗羲弟，俱學於劉宗周；六、梨洲弟子——寫萬斯大、萬斯同弟兄，附相關人物；七、梨洲私淑——主要寫全祖望，包括傳略、史學、撰述、遺事。[5]

謝國楨認為，黃宗羲少年時代的政治思想和主張也和東林黨人一樣，僅希望改良明朝的政治。時局大變之後，從唯心論的泥淖中拔出腳來，而

5　《中國學術名著大詞典・近現代卷》，朱政惠〈黃梨洲學譜〉條，頁 562-563。

傾向於唯物主義。他提出具有民主主義思想的政治主張及其施行辦法，反映了中國資本主義萌芽時期一般市民的要求。黃宗羲研究學術的出發點也和他的政治思想一樣，力求實際，他並想作一部以人民為主的歷史。謝國楨同時指出，那種認為黃宗羲著《明夷待訪錄》有期待於滿洲貴族的意思，是一種望文生義的說法。[6]

《黃梨洲學譜》書後，附有〈彭茗齋著述考〉一文。彭茗齋是明末遺民，他的著作大部分已散佚，謝國楨用了幾年時間，對彭茗齋的著作進行收集和整理，編輯並撰成此篇。台灣商務印書館影印本刪掉這篇文章。

論者指出，《黃梨洲學譜》是謝國楨多年潛心研究的成果，「使人們對梨洲先生一生的成就有了充分的了解，為學者提供了研究太沖先生的重要參考資料。」[7] 此書及《顧亭林學譜》，同為研究明末清初思想家的名著，顧炎武是清學開山第一大師，黃宗羲最長於歷史，詳慎敍述七百年間的理學家及其學說，明清之際的學風已可見其大要。

■ 孫奇逢和李顒學述

與《黃梨洲學譜》同時出版的，還有《孫夏峰、李二曲學譜》（上海：商務印書館，1932 年）。孫夏峰即孫奇逢（1584 – 1675 年），保定容城（今屬河北）人，字啟泰，晚歲移居河南輝縣夏峰，躬耕講學，學者稱為夏峰先生。萬曆舉人，天啟間魏忠賢擅權亂政，製造黨禍，及左光斗、魏大中、周順昌等先後被逮，孫奇逢聯結友人營救不果。清軍入關，圍容城，他率鄉親禦城堅守。順治、康熙間，屢徵不仕。其學原本陸王，亦兼採程朱，既強調慎獨，又主張體認天理。教人刻苦自厲，以砥於成。在清初諸儒中，

6　謝保成、賴長揚、田人隆編《中國史書目提要》，〈黃梨洲學譜〉條，頁 279–280。
7　《二十世紀中國學術要籍大辭典》，許虹〈黃梨洲學譜〉條，頁 103。

深負重望。著有《理學宗傳》、《讀易大旨》、《四書近指》、《中州人物考》等，後人輯有《夏峰集》。

　　李二曲即李顒（1627－1705年），陝西盩厔（今周至）人，字中孚，號二曲。博涉經史子集，旁及佛、道經藏、稗官小説等，卒成關中大儒，嘗應邀講學於無錫、江陰、宜興等地。康熙時先後以「山林隱逸」、「博學鴻儒」被薦徵，但均力辭。其學宗陸王，亦不廢程朱，主張為學要體諸身、見諸行，反躬實踐，有補於世。著有《四書反身錄》、《二曲集》。謝國楨著《孫夏峰、李二曲學譜》一書，自初版後未見重印，流傳不廣，較少為人所注意。孫奇逢的年紀較早於黃宗羲、顧炎武二十餘年，李顒的年紀則晚於黃、顧二人，以這四位學者來突顯明末清初的學風，是有其代表性和聯貫性的。（表9）

表 9　明末清初四家生平概略

姓名	字號別稱	生卒年份	籍貫	主要著作
孫奇逢	字啟泰，夏峰先生	1584－1675	保定容城（今屬河北）	《理學宗傳》、《夏峰集》
黃宗羲	字太沖，號南雷，梨洲先生	1610－1695	浙江餘姚	《明儒學案》、《南雷文定》、《黃梨洲全集》
顧炎武	別字寧人	1613－1682	江蘇崑山亭林鎮	《日知錄》、《天下郡國利病書》
李顒	字中孚，號二曲	1627－1705	陝西盩厔（今周至）	《四書反身錄》、《二曲集》

第三節　明末清初學風及其反映

■《明末清初的學風》

謝國楨的《明末清初的學風》(北京：人民出版社，1982 年)，收論文十二篇，內容以明清文化為主，涉及的問題包括政治、經濟、農民起義等，分為三輯，大抵反映了著者的研究重點：

第一輯 —— 包括〈明末清初的學風〉、〈明末資本主義萌芽的出現及其遲緩發展的原因〉、〈清初利用漢族地主集團所施行的統治政策〉和〈明清野史筆記概述〉四篇。

第二輯 —— 計有〈清初東北流人考〉、〈顧炎武與驚隱詩社〉、〈記宣南詩會圖卷〉和〈清代卓越的史學家全祖望〉四篇。

第三輯 —— 依次載錄〈記明萬曆四十八年平價米票〉、〈略論明代農民起義〉、〈明末農民大起義在江南的影響 ——「削鼻班」和「烏龍會」〉、《聊齋志異》所涉及的清初農民起義事跡補證〉諸篇。

書末附錄〈梁啟超先生少年逸事〉及〈我的治學經驗〉二文。其後有上海書店出版社 2004 年版，2006 年版則列為「世紀文庫」的一種。

此書為首一篇同樣題為〈明末清初的學風〉的文章，原載《四川大學學報》1963 年第二期，長達 52 頁，綜論明清之際的學術思想和士人風氣。謝國楨所說的明末清初學者所處的時期，是指公元十七世紀，即明朝萬曆三十年 (1602 年) 以後至清朝康熙四十年 (1701 年) 左右這一百年間，這時期的學術著作和文藝作品非常眾多。明末清初的學風，為甚麼會有這樣豪邁的風格、堅貞不屈的氣節和多種多樣的體裁呢？其原因固然由於社會經濟發展的條件，同時又由於明末農民的大起義摧毀了明朝的腐朽政權，也有力地打擊了滿洲貴族。概括起來，有下列幾個具體原因：

　　（一）由於明中葉以來社會商業、手工業的發展，在運河兩岸以及江南一帶出現了很多小村鎮和城市，商店小手工業作坊到處皆是。

　　（二）明朝自正統以來土地大量兼併，莊田興起，皇室有皇莊，又有王府莊田和勳戚莊田，告老的官員、地主豪紳也田連阡陌，動以千百頃計。

　　（三）當時黨社中人士，從階級成分來說，東林黨的成員大半出於地主階級的上層分子，地主階級也有開明派和保守派，東林黨是屬於開明的一派，同時其中的成員如李三才、顧憲成又是江南的地主而兼營工商業者。

　　（四）祖國人民在學術文化上有優良的傳統，能夠容納眾長而揚棄其所短。當時的學者是受了社會物質條件的制約和農民大起義聲威的影響，批判地接受了外來的影響，迂迴曲折，反映到學術文化上，遂蔚成為明末清初的學風。

■ 明末清初學者的表現

　　謝國楨此文在分析了社會背景和思想根源之後，繼而敘述明末社集和明末遺民所產生的學風，以及明末的學派，包括頑固保守派和開明前進派。接着申論明末清初學者的學術思想和政治思想、治學態度和治學方法，歸結起來有四點：（一）從宋、明以來理學家空談心性，而返回到「經世致用」樸實說理的途徑上來；（二）在實事求是的原則上，建立了考據學的方法；（三）由博通羣經而旁及諸子百家，打破了專主孔、孟一家的學說；（四）由於滿洲貴族入關，農民羣眾掀起抗清運動，有心人士以血淚寫下來的、數以千計的明末野史，也就是當時的現代史，惟有在改朝換代的時期，農民羣眾摧毀了腐朽的明朝政權，這時所寫下來的歷史，才可以看出人民羣眾自己當家作主的史跡。謝國楨指出：

由上面所述的四點，明末學者治學的方法，鑽研的已頗為詳備，如清代考據家所研究的音韻、訓詁、校勘、辨偽、輯佚、目錄，以及史學上的補志、補表等項的工作，在明末學者已開其端，到清代出現了考據學家而得到更大的成就。但是清代考據家由於在清朝統治者嚴威統治之下，為時事所限，遺棄了「經世致用」、「六經之旨，當世之務」的主張，專從事於鑽牛角尖式單純的考據之學，在學術上雖有新的成果，但是對於「當世之務」他們的功效又在哪裏呢？

至於明末清初學風在文學藝術上的反映，謝氏此文主要談論了明末遺民作家在民族氣節上所表現的風格。

〈明末清初的學風〉、〈清初東北流人考〉等文，闡述了當時由於社會大動盪而出現較為活躍的學術風氣的情況，考察了其間許多漢族士人因科場案、文字獄和參加反清活動而遭到的種種迫害，以及由此而呈現的清初學風的轉變和考據學的興起，從而揭示了學術與政治的關係。論者指出：

> 本書論述深刻，考證嚴密，讀後不僅可以了解到大量的歷史知識，還可從老一代學者的治學經驗中得到啟發。[8]

■ 清代學術史綜論

武少民著《百年清學研究九論》一書中，有專章探討謝國楨的清代學術史研究，指出他的著作「既有歷史感又有時代感」，並且產生了廣泛的影

8　王繼祥主編《中國學術著作總目提要・歷史地理卷 (1978－1987)》，〈明末清初的學風〉條，頁 135－136。

響。這些著作形式多樣、別具一格，既有史籍考、學譜，也有專著、論文集。

謝國楨將舊著《顧寧人學譜》改寫為《顧亭林學譜》，試圖運用馬列主義的觀點、立場和法，對顧炎武一生的事跡、所處的社會環境、學術思想、重要著述、同道朋友，加以分析、評介和論證。同樣，《黃梨洲學譜》的修訂本，加強了對黃宗羲著作和思想的分析、批判，這在他的修訂本序中有概括的說明。

《明末清初的學風》是謝國楨研究明清時期學術思想的集中體現，反映了他生平研治學問的旨趣所在。謝國楨晚年以唯物史觀研究歷史，把學術史與社會史緊密結合，認為明末清初學風的出現不是偶然的，實有其深厚的社會背景和思想根源。他強調明末清初的學者「有先秦諸子百家爭鳴的風格」，而且「在人民羣眾的思想和輿論上又發出光彩，可以說是在吾國歷史上的文藝復興時期，開了燦爛的花朵。」

梁啟超是清代學術的總結式人物。在縱論晚清學術的變化時，謝國楨重點評述了自己的老師梁啟超，充分肯定梁氏的學術成就及其影響，指出梁氏政治能力的不足，而其教育才幹則是卓越和值得肯定的。概括而言：「謝國楨論明末清初學術，重點以顧炎武為中心論明末清初的學風，反映了謝國楨治學的宗旨；論乾嘉學術，重點讚揚卓越的史學家全祖望，反映了謝國楨喚起民族精神的愛國情懷；論晚清學術，重點介紹龔自珍的學問思想，反映了謝國楨關心現實的史家精神。」[9]

9　武少民〈謝國楨與清代學術史研究〉，氏著《百年清學研究九論》(長春：吉林人民出版社，2008年)，頁192-226。

第九章　從明清筆記到治史心得

　　明清兩代的筆記，種類繁多，雖良莠不齊，價值不同，但保存了不少珍貴的歷史資料，可供後人治史時作為參考。謝國楨編著的《明清筆記談叢》，介紹明清筆記及相關資料，扼要明白，是很值得注重的參考書。

　　由謝國楨的學生收集整理而成的《明清史談叢》一書，載錄關於明清史的單篇論述和札記，可以作為《明末清初的學風》等著作的補充，亦不宜忽略。至於《史料學概論》，則是他的治史心得和教學經驗，讀者披閱此書，對謝國楨的明清史研究相信有更透切的認識。

第一節　明清筆記種種談叢

■《明清筆記談叢》

　　謝國楨著《明清筆記談叢》，北京中華書局 1960 年出版，有香港華夏出版社 1967 年重印本，編排分為兩部分：前半是「明清筆記談叢」，後半收錄相關文章。

　　本書介紹的明清筆記，包括《草木子》、《菽園雜記》、《濯纓亭筆記》、《見聞紀訓》、《見聞雜記》、《三家邨老委談》、《留青日札》、《留留青》、《松窗夢語》等書，有提要四十八篇，分別敍述各書的作者生平、主要內容和使用價值等，例如社會風俗、科技發明之類較為生動而有意義的事項；或連類並舉一些其他等類筆記的書籍，並加綜合比較，互相貫通印證。謝國楨在書中，還批判了以往拿筆記稗乘作為茶餘酒後「談助」的不正確看法。

　　《明清筆記談叢》後半收錄的文章，計有〈明清史料研究〉、〈明代邊防史乘十種跋〉、〈叢書刊刻源流法考〉、〈三省礦防考跋〉、〈彭茗齋著述考〉、

〈陳則雲事輯〉、〈張南垣父子事輯〉、〈關於全祖望鮚埼亭集之題跋〉、〈平景孫事輯〉及〈明清筆記稗乘所見錄〉，或為史料評述，或為書籍題跋。[1]

謝國楨在此書的〈序〉中説：「喜讀明清時代野史稗乘，凡關於政治經濟、學術文化、鄉邦掌故、有愜於心者，隨手摘錄，略加評介或敍述，作為考史的資料，寫成《明清筆記談叢》一書。」他還利用筆記中的一些資料，對明清史的若干問題進行分析，頗有啟發性。書末附錄的幾篇論文，內容多涉及明清史料，對於了解和認識某些重要史書，是很有幫助的。[2]

■ 明清筆記的類別

在〈重版説明〉中，謝國楨概括地將明清筆記分為十類：

一、記述農業生產的作品，有明代徐光啟《農政全書》、鄺璠《便民圖纂》、佚名《沈氏農書》等；明末清初海上交通發達，因之有記載外來新農種的出現，如玉蜀黍、甘薯、馬鈴薯、大花生、包頭白菜等類，從日本一直到歐洲、俄羅斯、美洲，移植到中國來，記述其事的有明代田藝衡《留青日札》、姚旅《露書》、周亮工《閩小紀》及滿洲睽敍《陳光亭雜識》等書。

二、記載手工業和商業發達的，有明代張瀚《松窗夢語》、宋應星《天工開物》、楊明《髹飾錄》等；記社會經濟和風俗的，有明代范濂《雲間據目抄》、屈大均《廣東新語》和清代葉夢珠《閱世編》、錢泳《履園叢話》等書。

三、記述明清典章制度和社會風俗的，有明代王世貞《弇州山人別集》、胡應麟《少室山房筆叢》、沈德符《萬曆野獲編》、謝肇淛《五雜俎》、朱國楨《湧幢小品》和清代昭槤《嘯亭雜錄》、法式善《陶廬雜錄》、吳振棫《養吉齋叢錄》、王慶餘《石渠餘記》等書。

四、記載明代農民起義的，有明代謝蕡《後鑒錄》、李世熊《寇變記》、

1　周佳榮著《明史研究書籍提要》，〈明清筆記談叢〉條，頁 6。

2　李小林、李晟文主編《明史研究備覽》，頁 245。

戴笠《懷陵流寇始終錄》和清代毛奇齡《後鑒錄》、吳偉業《綏寇紀略》等書；記載白蓮教的，有徐從治《平妖紀事》、梁清標《周佳丘雜錄》、黃育楩《破邪詳辨》等。

五、記敘少數民族情況的，明代有蕭大亨《夷俗記》、楊慎《滇載記》、田汝成《炎徼紀聞》，清代有毛奇齡《蠻司合志》、納蘭常安《瀚海》、祁韻士《綏服藩部要略》、張穆《蒙古游牧記》、嚴如煜《三省邊防備覽》等書。

六、記載中國歷史地理及自然地理的，有王士性《廣志繹》、顧炎武《天下郡國利病書》、顧祖禹《讀史方輿紀要》、徐鴻祖《徐霞客遊記》等，記述世界地理的，有歐洲人艾孺略《職方外記》，明代張燮《東西洋考》、嚴從簡《殊域周諮錄》，清代魏源《海國圖志》、徐繼畬《瀛寰志略》、謝清高《海錄》等書。

七、記述對外關係和對外貿易的，明代有葉權《賢博編》、王臨亨《粵劍編》、王在晉《越鐫》，清代有王之春《國朝柔遠記》、印光任《澳門紀略》、王芝子《海客日譚》、王韜《華英通商紀略》等書。

八、通記明清兩代歷史文獻和人物傳記的，明代有王世貞《弇州山人四部稿》、《弇州山人史料前後集》，焦竑《獻徵錄》、《玉堂叢語》、李樂《見聞雜記》，何喬遠《名山藏》等書；清代有李桓《國朝耆獻類徵》、錢儀吉《碑傳集》、繆荃孫《續碑傳集》、李元度《先正事略》等書。

九、記述科學技術及工藝美術的，明代有高濂《遵生八箋》、屠隆《考槃餘事》、王徵《奇器圖說》、方以智《通雅》和《物理小識》，清代有阮元《疇人傳》、李斗《揚州畫舫錄》、顧祿《桐橋倚櫂錄》、齊學裘《見聞隨筆》等書。

十、記述明清兩代文史哲學家、人物傳記的，明代有黃宗羲《明儒學案》和《思舊錄》、陸世儀《復社紀略》、錢謙益《列朝詩集小傳》、朱彝尊《靜志居詩話》、蔣之翹《堯山堂外紀》、鍾嗣成《錄鬼簿》，清代有周亮工

《畫人傳》和《印人傳》、江藩《漢學師承記》和《宋學淵源記》、錢林《文獻徵存錄》、鄭方坤《本朝詩鈔小傳》等書。

■ 遍搜明清文獻著作

從《晚明史籍考》到《明清筆記談叢》，有互相聯繫和前後呼應的關係。初時是梁啟超家中豐富的藏書，開闊了謝國楨的視野；梁氏還介紹謝國楨與朱希祖、倫明、傅增湘等學者兼藏書家認識，因而得以閱覽他們的藏書。經梁啟超介紹，謝國楨在北平圖書館一幹就是十年，日夕與羣書為伍，奠定了他一生的學問基礎。除了北平的文化機構，又到江南公私藏家進行訪書活動。1930 年間，北平圖書館館長袁同禮派他南下江浙觀書，謝國楨首先到上海，由傅增湘介紹，拜訪商務印書館董事長張元濟，同時參觀商務的涵芬樓。張元濟與謝國楨的老師梁啟超同是晚清維新派人士，張的母親謝氏是謝國楨的太姑母，按輩分來說，張元濟與謝國楨是表伯姪關係。張元濟見他時，感喟地說：「母家還有念書的人，這也是可幸的事。」

謝國楨手持著名史家陳垣的介紹信，拜訪上海徐家匯天主堂藏書樓；又因冒鶴亭的介紹，謝國楨拜訪了南潯嘉業堂主人劉承幹。在上海，謝國楨結識了著名學者蔡元培、胡適、鄭振鐸。由滬到寧，謝國楨到龍蟠里國學圖書館觀書，館長柳詒徵給他介紹了建館歷史，謝國楨又到善本室替張元濟校對《新唐書》。經過蘇州，在湖州南潯嘉業堂搜集了不少明清史料，並獲贈《嘉業堂善本書影》等。其後參觀了嘉興的烟雨樓、平湖的傳樸堂，以及杭州省立圖書館等。論者指出：「謝國楨江浙訪書，大大開闊了眼界，使他學到許多書本上學不到的東西。遍訪當代學者名流，不僅增加了向各門類專家請益求教的機會，而且對謝的研究方向、做學問的方式方法都產生了重要影響。謝國楨在搜尋古書時遊刃有餘，甚至左右逢源，江浙訪書

應該說是大有裨益的。」[3] 謝國楨搜書有一個原則，那就是「人棄我取」，將眼光集中於搜求明清史料，作為自己做研究或供他人做研究之用。認識了這段訪書經歷，回過頭來細看《晚明史籍考》和《明清筆記談叢》，以及他編纂的幾種史料選輯，就有更多的體會了。

第二節　明清史的心得和體會

■ 明清社會和經濟

謝國楨編《明代社會經濟史料選編》（福州：福建人民出版社，1980 – 1981 年），列為「明代野史筆記資料輯錄」之一，共六十六萬餘字，分為三冊：上冊由第一章至第三章，收錄明代農業生產技術和農業經營、手工業和工藝美術資料；中冊包括第四章和第五章，收錄明代科技發明、商品經濟的發展和資本主義萌芽資料；下冊由第六章至第九章，收錄明代戶籍和土地制度、農業政策和賦役制度、工商業政策及階級分化情況等。中國古代社會經濟情況見於史者較少，大量資料分散於歷代野史筆記之中，本書從五百餘種明代筆記中輯錄有關資料，分類編排，有的附有按語，並考證資料來源及其真偽。[4] 書末有〈引用書目〉。

謝國楨編纂《明代農民起義史料選編》（廈門：福建人民出版社，1980 年）凡二十萬字，共有三章，輯錄明代農民起義史料，均從明清史筆記中摘出，書末附明代市民、佃農的反抗鬥爭和奴變、兵變史料。書末附

3　王曉清著《學者的師承與家派》，〈訪書・尋書・著書—謝國楨學述〉，頁 224 – 227。
4　宋木文、劉杲主編《中國圖書大辭典 (1949 – 1992)：經濟》，〈明代社會經濟史料選編〉條，頁 214。

有大事年表。[5]

　　謝國楨編《清初農民起義資料輯錄》(北京：知識出版社，1956 年；上海：上海人民出版社，1957 年新一版)，是一部有關清初農民起義的資料書。卷首的〈總說〉將清初農民起義分為五個階段：(一) 農民起義抗清的初期；(二) 阻止清兵南下的時期；(三) 荊襄十三家軍及李定國展開英勇鬥爭的時期；(四) 西北山陝以及東南沿海的農民起義軍；(五) 農民起義繼續抗清的時期。又歸納了清初農民起義的三個特點：(一) 已經建立了良好的根據地；(二) 農民軍能夠團結羣眾；(三) 由公開鬥爭轉入地下秘密活動。書中所輯資料從 1644 年清兵入關開始，至 1721 年台灣農民起義失敗為止，內容分為七部分：

　　一、河北山東河南農民起義軍 (1644 年 5 月至 1673 年)；

　　二、大江南北農民起義軍 (1645 年至 1672 年)；

　　三、荊襄十三家軍 (1645 年至 1665 年)；

　　四、西南各省農民起義軍 (1645 年至 1669 年)；

　　五、山陝甘農民起義軍 (1644 年至 1669 年)；

　　六、贛閩粵農民起義軍 (1647 年至 1666 年)；

　　七、各地農民軍繼續展開抗清的運動 (1673 年至 1721 年)。

　　每個部分之中，又按時代、地區、發展情況、種類性質等列出細目，有些細目下面還有子目。

　　此書的資料來源，以《清實錄》、《清史稿》、《明清史料》(甲、乙、丙、丁編) 及《文獻叢編》為主，並參以地方志、各家文集、野史筆記等。每條資料後面，均詳細註明出處。書末還有清初農民起義年表。論者指出，

5　宋木文、劉杲主編《中國圖書大辭典 (1949－1992)：歷史、地理》上，〈明代農民起義史料選編〉條，頁 158。

作者在卷首的概述是他對所輯資料的研究心得。[6]

正如謝國楨在《清初農民起義資料輯錄》的〈總說〉中指出一般，明末清初這個時代，已經是中國封建社會的末期，人民羣眾反抗鬥爭時間之長，地域之廣，參與人數之多，超過了歷史上任何朝代；清兵入關後，反封建剝削的鬥爭轉而為反抗外族侵略的鬥爭，比以往的農民起義更含有積極意義，留下熱愛祖國的優良傳統。

■ 由學生編集的《明清史談叢》

謝國楨生前已出版專書和論文集多種，而仍有一些文章散見於其他書刊、雜誌，後來經由他的學生收集整理，共得三十八篇，主要都是關於明清史的單篇文章和札記，編成《明清史談叢》（瀋陽：遼寧教育出版社，2000年）。

為首三篇，依次是〈紅娘子和卦子陳四〉、〈關於「削鼻班」和「烏龍會」〉、〈有關明末清初農民起義作用資料和札記〉，介紹明末清初奴僕、佃僕的武裝活動和農民起義。明末，湖廣豪紳多蓄奴僕，在各地農民起義激盪下，奴僕、佃僕紛起暴動。崇禎十六（1643年），張獻忠軍隊逼近湖廣，麻城（今屬湖北）奴僕組織里仁會，其首領湯志率領會眾至潛山迎接，被編入新營，倚為嚮導，攻克麻城，里仁會奴僕「炮烙衣冠，推刃故主」。翌年，寶山奴僕起事，「焚廬劫契」。從明末崇禎十七年（1644年）至清初順治二年（1645年），嘉定、金壇奴僕組織削鼻班起事，拷掠主人，索還賣身文契。此外，太倉（今屬江蘇）一帶家奴顧慎卿、寒士呂茂成等組織烏龍會起事，拷掠豪紳，宣佈罪狀，勒令交出家產。清兵南下時，烏龍會號

6　謝保成、賴長揚、田人隆編《中國史書目提要》，〈清初農民起義資料輯錄〉條，頁211–212。

召會眾進城抗拒薙髮，清將李成棟下鄉鎮壓，呂茂成被捕遇害。此類奴變聲勢頗大，致康熙年間各地富室仍心有餘悸，多不敢蓄奴。

明末人紅娘子是雜技繩伎出身，頗有名聲。相傳李岩在河南杞縣散糧濟貧時，她率眾起事；李岩受誣害下獄，她率眾攻破縣城，救出李岩，並與他成婚。李岩（？－1644 年），河南杞縣人，諸生出身，家富而豪，好施尚義，人稱李公子。崇禎十三年（1640 年）被誣入獄，為紅娘子劫出，與弟率眾投奔闖王李自成，獻策均田免賦，作「迎闖王，不納糧」等歌謠。旋任中營（標營）制將軍，領兵百隊，進入北京後，提出保持軍紀等建議。大順軍撤離北京後，向李自成提議，願率兵往河南，被誣欲竊權柄以自王，遂遭殺害。《明史》、《國榷》、《綏寇紀略》等書均持此說，但《豫變紀略》則否定其事跡，實情如何，尚待稽考。據云當年紅娘子與李岩同投李自成，近人認為，有關傳說可疑，並無紅娘子其人。

《明清史談叢》一書，還包括〈晚明史話〉、〈莊氏史案參校諸人考〉等文章，主要是介紹人物和文化的文章，以及題記、序跋等，末後〈對於研究明清史的一點體會〉宜加注意。附錄一篇譯文，題為〈明奴兒干永寧寺碑考〉。

第三節　史料學和治史方法

■《史料學概論》總結治史經驗

謝國楨著《史料學概論》，原是他在北京師範大學等院校授課的講稿，後以此為基礎，進行修改和補訂。1964 年初稿，至 1981 年定稿，書首〈序文〉撰於 1981 年 12 月，此書後於 1985 年由福建人民出版社出版。現有北京出版社 2014 年新版，方便入手，謝國楨畢生治史方法和教學經驗，

從中可以得其梗概。

《史料學概論》共有八章：第一章〈史部書籍的來源和形成〉、第二章〈目錄學的發展及其流派〉，分別介紹史料的來源、形成和有關目錄學方面的知識；第三章〈周秦至魏晉南北朝史學源流和重要史籍的介紹〉、第四章〈隋、唐、宋、元重要史籍介紹〉及第五章〈明清重要史籍介紹〉，按時間順序依次概述歷代史學發展趨勢；第六章〈史料學的鄰近學科：金石學和地理方志學〉，闡明金石學、地理方志學兩個學科與史料學的關切關係；第七章〈史部類書、叢書、校勘、辨偽和輯佚書〉、第八章〈史學研究方法和工具書的使用方法〉，論述古書辨偽、輯佚和治史方法等。書後附有〈明清時代版本目錄學概述〉，作為補充。

謝國楨指出，史料學是史學的輔助學科，是研究處理史料的原則和方法，史料的來源包括文字的（各種文獻書籍及銘刻）、實物的（出土文物和考古遺跡）以及民間口傳的，研究史料的關鍵在於明察事物的源流，找出事物核心和本質，具體分析，整體着眼，層層深入。《史料學概論》出版後，學界對此書是頗為重視的。[7]

謝國楨在此書的〈自序〉中說，他素來喜歡史部書籍，早年服務於北平圖書館時，就已從事編目工作，泛覽羣籍，涉獵篇章，看其序目，粗知其梗概。後來任教大學，講授史學源流，起初僅據鄭鶴聲的《中國史部目錄學》（上海：商務印書館，1930 年）作為講義，直至 1949 年後，得以在北京師範大學、北京大學、廈門大學、四川大學和上海華東師範大學講授這門課程，通過教學，日積月累，講稿時有改訂，編為此書，為有志於治史的青年提供歷史文獻的基本知識。

謝國楨的代表作，首推《晚明史籍考》；其次是幾種關於明清之際史

7　《二十世紀中國學術要籍大辭典》，孫東〈史料學概論〉條，頁 582。

事和人物的專著，《明末清初的學風》匯集諸文，足以反映其治史重點，《南明史略》則有開創性的功效。他晚年寫定的《史料學概論》，具畫龍點睛的作用，所傳授的不只是多年精研得來的歷史知識，更是珍貴可供傳承的治學心得。此書從史料的實際應用着眼，突破傳統局限，對歷代正史、雜史和野史稗乘同樣重視，尤其是對浩如煙海的野史筆記做了系統的考察和分析，指出其史料價值，有許多獨到見解。[8]

謝國楨自喻「愛書成癖」，勤於訪書，勤於讀書，勤於筆記。他曾往江浙等地圖書館訪書，所訪之書不一定是善本珍藏，但大多是流傳很少、學術價值較高的著作，文史哲經，天文地理，風俗人情，醫理科技，無所不有。《江浙訪書記》（北京：三聯書店，1985 年）是按謝國楨生前願望，以藏書所在的圖書館為別，以時代為序，並將謝氏江浙和成都訪書觀念、天一閣藏書小記、錦城訪書記，連同其瓜蒂庵自藏書的提要一併收入。除書目提要外，對所錄各書的作者、內容、版本均有詳略不等的考證和記錄，是研究古籍版本的重要參考書。[9]謝國楨不但是史學家，同時也是一位目錄學家。

■ 史學傳承和研究開拓

商鴻逵是孟森的學生，謝國楨與孟森有半師半友之情，商鴻逵的兒子商傳是謝國楨的學生，商傳又從父親的著作和談話中加深了對孟森的認識。商傳認為，「孟森先生說到底還是屬於舊史家的範圍，他在用新的章節體例和新的視野回顧明清兩朝，尤其是清朝的歷史的時候，只能是站在傳統的政治立場上」。又說：

8　《二十世紀中國學術要籍大辭典》，孫東〈史料學概論〉條，頁 582。

9　宋木文、劉杲主編《中國圖書大辭典 (1949 – 1992)：歷史、地理》上，〈史料學概論〉條，頁 6–7。

　　國楨師師從梁啟超先生讀書，也是國學功底極深厚的學者，
但是他來自社會的下層，親身體會了社會生活的艱難，因此此較
容易受到階級鬥爭學說的影響，應該說，在這一點上，他要比孟
森先生前進了一步。[10]

　　概括地說，孟森與謝國楨是前輩和後輩的關係。孟森生於 1868 年，
比謝國楨大三十三歲；1932 年謝國楨發表〈明季奴變考〉時三十一歲，孟
森已經六十四歲了；1982 年謝國楨去世，與孟森病逝相距四十四年。換
言之，二人雖同生於晚清時期，孟森是中華民國時期的史學家，謝國楨則
是中華人民共和國時期的史學家。（表 10）

　　學者於回顧二十世紀中國明史研究的時候，指出在明末政治形勢和
社會狀況的研究中，用力最多的方面是關於黨社活動和明末農民戰爭，謝
國楨的《明清之際黨社運動考》(1934 年出版) 和朱倓的《明季社黨研究》
(1945 年出版)，是關於黨社活動的兩種重要著作，謝氏之書影響尤大。建
立清朝的滿族，其先世是臣屬於明朝的邊疆少數民族的成員，因而研究明
史，不能不談當時東北地區的情況，以及生活在東北的滿族先世。清朝統
治者入關後，曾極力掩蓋滿族先世與明朝關係的真相；二十世紀上半葉，
日本加緊對中國的侵略，為了強佔中國的東北，竟散佈「滿蒙在歷史上非
支那」的謬論。因此，當時中國學者研究明史，就更不得不把關於明代東
北及滿族先世的探討，當成一大任務，從而形成一個熱點。[10]

　　謝國楨曾收輯明人馬文升撰《撫安東夷記》及另外三種史書，列為「清
初史料四種」，1933 年由北平圖書館印行，為研究滿族先世史提供了方

10　王繼祥主編《中國學術著作總目提要‧文化教育卷 (1978–1987)》，〈江浙訪書記〉條，
　　頁 37。

便。孟森在研究滿族先世方面,成績尤其引人注目,有《清朝前紀》和《明元清系通紀》,以及〈清始祖布庫里雍順之考訂〉、〈清太祖由明封龍虎將軍考〉、〈八旗制度考實〉等論文。孟森的研究,較集中於統治階級;謝國楨的探討,則較重視人民羣眾。孟森主要據官方文獻材料,謝國楨則博採野史筆記;孟森有《明清史講義》,謝國楨撰《南明史略》。二人的明清史研究,既有傳承的關係,觀點和角度則不同,其著作起着互補的作用。[11]在二十世紀眾多的明清史專家學者之中,孟森和謝國楨是前後輝映的。

表 10　謝國楨的明清史研究

《晚明史籍考》	《明清筆記談叢》	《江浙訪書記》
《明末清初的學風》	《顧亭林學譜》	《黃梨洲學譜》
《明清之際黨社運動考》	《清初流人開發東北考》	《明清史談叢》
《南明史略》	《史料學概論》	《清開國史料考》
《明代社會經濟史料選輯》	《明代農民起義史料選輯》	《清初農民起義資料選輯》

註:北京出版社於 2014 年出版了謝國楨的主要著作,包括《增訂晚明史籍考》、《明清之際黨社運動考》、《清開國史料考》及《史料學概論》等。

11　南炳文著《輝煌、曲折與啟示:20 世紀中國明史研究回顧》(天津:天津人民出版社,2001 年),頁 4–10。

附錄一　孟森著作簡要説明

　　孟森的史學著作，主要是由論文輯成專書。最早出版的是《心史史料》第一冊，後來增訂為《清朝前紀》；《明元清系通紀》以編年史形式，記載清朝建立前的滿族歷史。引起較大注意的，是《清初三大疑案考實》；至於《心史叢刊》共出三集，收錄十七篇考證明清兩代著名人物和案件的文章。

　　孟森在大學授課的講義，經學生整理後陸續出版。最早是《清史講義》，繼後有《明代史》（或作《明史講義》），合編為《明清史講義》，此外還有《滿洲開國史講義》一種。

　　有關明清史的文章，包括其他史學論文，都收入《明清史論著集刊》和《明清史論著集刊續編》，近年匯編為《明清史論著集刊》上、下冊。政論和政法類著譯等，則收錄於《孟森政論文集刊》、《孟森政法著譯輯刊》及《心史文錄》。北京中華書局編印的「孟森著作集」十種，相當於孟森全集。

《心史史料》第一冊

　　上海時事新報館 1914 年出版，106 頁。收〈滿洲名稱考〉、〈清朝前紀〉、〈清國號原稱後金考〉、〈朱三太子事述〉四篇，主要考證清朝先世事跡。

《清朝前紀》

　　上海商務印書館 1930 年出版，223 頁。1930 年孟森在南京中央大學任教期間，增撰〈太祖紀〉等，連同《心史史料》第一冊諸文，合成此書，

作為清史講義上編。共有十三篇文章，考證清世系及其源流，對清朝開國歷史亦作了探討。

《明元清系通紀》

北京大學出版社 1934 年至 1937 年出版，凡九十九萬字，記載清朝建立之前滿族的歷史，以明朝的紀元敍述清史的世系，以編年史形式匯纂為一書。舉凡明史中被刪削掉的清先世事跡，及清史中諱而不載的事項均見述及。

《清初三大疑案考實》

最初於 1920 年代成書，其後有多個版本。包括〈太后下嫁考實〉、〈世祖出家事考實〉和〈清世宗入承大統考實〉，解開清代初年三大疑案之謎，引起學界和社會人士注意，成為孟森的代表作之一。

《心史叢刊》第一至三集

上海商務印書館曾於 1916 年輯印行世，1936 年改由上海大東書局出版。第一集收奏銷案、朱方旦案、科場案三大案件的考證文章，第二、三集主要收明清著名人物的考證文章，力圖恢復歷史本來面目，總共有十七篇。孟森原有輯印續刊的計劃，因忙於其他新著而未果。

《清史講義》

上海中國文化服務社 1947 年出版。此書原是 1930 年代孟森在北京大學歷史系授課的講稿，分「總論」和「各論」兩編：第一編論述清史在史學上的地位、清史體例、清代種族及世系、八旗制度等；第二編分為開國、鞏固國基、全盛、嘉道守文等幾個時期記述太祖及以後各朝史事。此書不同版本的章節有所增刪，讀者宜加注意。

《明代史》

此書原是孟森在北京大學講授明清史時，由北大出版組鉛印發給學生的講義，後經勞榦校對，1957 年由台北中華叢書委員會出版。分為兩編：

第一編「總論」兩章，論《明史》在史學上的地位及其體例等；第二編「各論」共七章，依次為開國、靖難、奪門、議禮、萬曆之怠荒、天崇兩朝亂亡之炯鑒、南明之顛沛。此書其後有《明史講義》版。

《明清史講義》

孟森的《明代史》(《明史講義》) 及《清史講義》，後經商鴻逵全面整理，合編為《明清史講義》，北京中華書局 1981 年出版。分為兩冊，上冊明史部分有兩編共九章，下冊清史部分原有兩編共七章，但刪去若干章節，語句也略有改動。

《滿洲開國史》

此書原是 1930 年代孟森在北京大學授課時派發的講義，其後由商鴻逵整理，上海古籍出版社 1992 年出版。分為十講，原文內容未作刪改，商鴻逵所作的補充，在文中冠以「商補」二字，並用小號字排印以示區別。此書亦作《滿洲開國史講義》，北京中華書局 2006 年出版。

《明清史論著集刊》

此書據商鴻逵整理的《明清史論著集刊》(北京：中華書局，1959 年) 和《明清史論著集刊續編》(北京：中華書局，1986 年) 重新調整和編排次序而成，題為《明清史論著集刊》上、下冊 (北京：中華書局，2006 年)。內容幾乎涵蓋了明清史的各個領域，是孟森史學論文的完整結集。現時通行的是「孟森著作集」版 (2015 年重印)。

《孟森政論著作集》

孫家紅編，北京中華書局 2008 年出版。收錄清朝末年至 1920 年代孟森發表的政論文章 215 篇，部分文章為譯作；內容都是針對時政有感而發，成為記錄近現代歷史演變的重要資料。

《孟森政法著譯輯刊》

孫家紅編，北京中華書局 2008 年出版。收錄孟森的政法類著作五種，

包括《廣西邊事旁記》、《地方自治淺説》、《諮議局章程講義》、《各省諮議局章程箋釋》、《新編法學通論》；譯著方面，有《統計通論》、《日本民法要義》等。

「孟森著作集」

北京中華書局 2006 年出版，2015 年重印。共有十種：一、《心史叢刊》；二、《明史講義》；三、《明元清系通紀》；四、《清朝前紀》；五、《滿洲開國史講義》；六、《清史講義》；七、《明清史論著集刊》（上、下冊）；八、《孟森政論文集刊》；九、《孟森政法著譯輯刊》；十、《心史文錄》。孟森的著作，以這套書最為齊全；亦應注意，「孟森著作集」中有些內容編排與孟森著作的同名版本略有出入。

附錄二　謝國楨著作簡要説明

　　謝國楨的明清史研究,始於對晚明的注意。1931 年出版的《晚明史籍考》,是他的代表作;其後續有補充,1962 年擴大為《增訂晚明史籍考》。早期著作,另有《清開國史料考》,包括明朝初年建州衛設立至清兵入關前的歷史資料。當時謝國楨任職於北平圖書館,大量涉獵晚明史籍及滿洲史料,為研究這一時期的文獻和史事,提供了很大方便。在此前後,他還出版了《顧寧人學譜》(後改名《顧亭林學譜》)和《黃梨洲學譜》。1933 年到南京中央大學任教,翌年出版《明清之際黨社運動考》;1940 年代後期,出版了《清初流人開發東北考》。

　　謝國楨於 1925 年發表〈明季奴變考〉,開展其史學歷程。上述著作的出版情況,反映了他自始即傾向於研究史籍和整理史料的學術志趣,進而表現為對明清之際學人和學風的重視。社會經濟問題和相關材料,也是一直加以注意的,1949 年中華人民共和國成立後,謝國楨任天津南開大學教授,講授明清史、目錄學、歷史文選等課程;其後為中國社會科學院歷史研究所研究員,繼續從事明清史研究及史料選輯工作,《南明史略》較為人所知悉,是這方面的先驅著作;此外,有《明清筆記談叢》、《明末清初的學風》等。

　　謝國楨於明清史料,尤注重野史中之珍貴者,編有《明代社會經濟史料選編》(三冊)、《明代農民起義史料選編》(二冊)、《清初農民起義資料輯錄》等。其他著作,包括《江浙訪書記》、《明清史談叢》和《史料學概論》。《明清史談叢》是由謝國楨的學生整理出版的,共收單篇論述和札記

三十八篇;《史料學概論》據講義改定，反映了他的教研心得。總的來說，謝國楨畢生致力於研究明清史，尤集中於明清之際的史事、人物和書籍，他在這方面作出的貢獻，是很巨大和突出的。

《晚明史籍考》

1931 年寫成，國立北平圖書館 1933 年出版，凡八十萬字；1962 年擴大為《增訂晚明史籍考》，約九十萬字。現有 2011 年上海華東師範大學出版社版及 2014 年北京出版社新版，前者仍題《晚明史籍考》。

《清開國史料考》

國立北平圖書館 1931 年出版。分六卷，依次為〈敍論〉、〈清初之檔冊〉、〈明代之記載〉（上、下）、〈清代官修及近人纂輯之書〉、〈朝鮮及日本之記載〉，另〈清開國史料考補〉一卷。所載錄的，都是成書或成篇章的史料。

《顧亭林學譜》

此書初名《顧寧人學譜》，上海商務印書館 1930 年出版；後改名《顧亭林學譜》，北京商務印書館 1957 年出版。兩者的內容和觀點有較大差異。

《黃梨洲學譜》

上海商務印書館 1932 年出版，後經修訂，由北京商務印書館於 1956 年再版，分〈傳纂〉、〈學術述略〉、〈著述考〉、〈學侶考〉、〈梨洲家學〉、〈梨洲弟子〉、〈梨洲私淑〉七部分。

《明清之際黨社運動考》

上海商務印書館 1934 年出版，記述萬曆時期的朝政及各黨紛爭、東林黨議及天啟年間的黨禍、崇禎朝的黨爭、清初順治康熙間的黨爭、復社始末等。現有北京出版社 2014 年新版。

《清初流人開發東北考》

上海開明書店 1948 年出版。舉例介紹清初謫戍東北的三種情況，包

括遷徙、充軍、發遣，認為清初謫戍是一個遷民實邊的政策，流徙的人物對東北的開發作出了巨大貢獻。其後謝國楨將此書改寫成〈清初東北流人考〉長文收入《明末清初的學風》之中，另又附於新版《明清之際黨社運動考》中。

《南明史略》

上海人民出版社 1957 年出版，記敘南明歷史，以深入淺出筆法作全盤的研究，具開創和奠基之功。書中指出南明史發展進程中的幾個特點，抗清戰爭也貫穿了階級鬥爭，在各階級階層中湧現了不少愛國志士，在一定程度上起了進步作用。

《明末清初的學風》

北京人民出版社 1982 年出版。匯編論文十二篇，凡二十一萬六千字，主要研究明末清初的思想文化和文人士子的政治、文化活動，敘述清初的幾次文字獄和當時殘酷的政治鬥爭；對農民起義和資本主義萌芽等經濟問題，提出若干新的看法和補充。書末附〈梁啟超少年逸事〉和〈我的治學經歷〉。

《明清筆記談叢》

北京中華書局 1962 年出版。內容分為兩部分：前半為「明清筆記談叢」，包括提要四十八篇；後半為相關文章，計有〈明清史料研究〉、〈明代邊防史乘十種跋〉、〈叢書刊刻源流法考〉等等。

《明清史談叢》

瀋陽遼寧教育出版社 2000 年出版。謝國楨的學生收集了三十八篇關於明清史的單篇論述和札記，編成此書，末後一篇是〈對於研究明清史的一點體會〉，附錄〈明奴兒干永寧寺碑考〉（譯文）。

《史料學概論》

福建人民出版社 1985 年出版，北京出版社 2014 年新版。此書是謝

國楨以他在北京師範大學等院校授課的講稿為基礎，進行修改和增訂而成的，共有八章，依次探討史部書籍的來源和形成、目錄學的發展及其流派、史學源流和歷代重要史籍介紹、史料學及史學研究法等。

「謝國楨著作集」

學界未有謝國楨著作集的編印，不過，北京出版社於 2014 年出版了謝國楨的幾本重要著作，包括《晚明史籍考》、《清開國史料考》、《明清之際黨社運動考》和《史宗學概論》，謝國楨史學的體系，大抵已具規模。

附表一　明清兩代年號表

明朝（1368 – 1644 年）：

年號	公元紀年	王朝紀年	皇帝
【洪武】	公元 1368 － 1398 年	洪武元年－洪武三十一年	太祖朱元璋
【建文】	公元 1399 － 1402 年	建文元年－建文四年	惠帝朱允炆
【洪武】	公元 1402 年	洪武三十五年	成祖朱棣
【永樂】	公元 1403 － 1424 年	永樂元年－永樂二十二年	成祖朱棣
【洪熙】	公元 1425 年	洪熙元年	仁宗朱高熾
【宣德】	公元 1426 － 1435 年	宣德元年－宣德十年	宣宗朱瞻基
【正統】	公元 1436 － 1449 年	正統元年－正統十四年	英宗朱祁鎮
【景泰】	公元 1450 － 1457 年	景泰元年－景泰八年	代宗朱祁鈺
【天順】	公元 1457 － 1464 年	天順元年－天順八年	英宗朱祁鎮
【成化】	公元 1465 － 1487 年	成化元年－成化二十三年	憲宗朱見深
【弘治】	公元 1488 － 1505 年	弘治元年－弘治十八年	孝宗朱祐樘
【正德】	公元 1506 － 1521 年	正德元年－正德十六年	武宗朱厚照
【嘉靖】	公元 1522 － 1566 年	嘉靖元年－嘉靖四十五年	世宗朱厚熜
【隆慶】	公元 1567 － 1572 年	隆慶元年－隆慶六年	穆宗朱載垕
【萬曆】	公元 1573 － 1620 年	萬曆元年－萬曆四十八年	神宗朱翊鈞
【泰昌】	公元 1620 年	泰昌元年	光宗朱常洛
【天啟】	公元 1621 － 1627 年	天啟元年－天啟七年	熹宗朱由校
【崇禎】	公元 1628 － 1644 年	崇禎元年－崇禎十七年	思宗朱由檢

清朝（1644 – 1912 年）：

年號	公元紀年	王朝紀年	皇帝
【天命】	公元 1616 － 1626 年	天命元年－天命十一年	太祖努爾哈赤
【天聰】	公元 1627 － 1636 年	天聰元年－天聰十年	太宗皇太極
【崇德】	公元 1636 － 1643 年	崇德元年－崇德八年	太宗皇太極
【順治】	公元 1644 － 1661 年	順治元年－順治十八年	世祖福臨
【康熙】	公元 1662 － 1722 年	康熙元年－康熙六十一年	聖祖玄燁
【雍正】	公元 1723 － 1735 年	雍正元年－雍正十三年	世宗胤禛
【乾隆】	公元 1736 － 1796 年	乾隆元年－乾隆六十年	高宗弘曆
【嘉慶】	公元 1796 － 1820 年	嘉慶元年－嘉慶二十五年	仁宗顒琰
【道光】	公元 1821 － 1850 年	道光元年－道光三十年	宣宗旻寧
【咸豐】	公元 1851 － 1861 年	咸豐元年－咸豐十一年	文宗奕詝
【祺祥】	公元 1861 年	祺祥元年	穆宗載淳
【同治】	公元 1862 － 1875 年	同治元年－同治十三年	穆宗載淳
【光緒】	公元 1875 － 1908 年	光緒元年－光緒三十四年	德宗載湉
【宣統】	公元 1909 － 1912 年	宣統元年－宣統三年	溥儀

附表二　明清史大事年表

- **1368 年（戊申，明太祖洪武元年）**
  - 本年，朱元璋在應天（今江蘇南京）即位，建立明朝。

- **1399 年（己卯，明惠帝建文元年）**
  - 本年，燕王朱棣起兵稱「靖難」。

- **1402 年（壬午，建文四年）**
  - 本年，燕王朱棣攻陷京師，明惠帝自焚死（一說下落不明），燕王即帝位。
  - 革除建文年號，稱洪武三十五年。

- **1403 年（癸未，明成祖永樂元年）**
  - 本年，置建州衛，以阿哈出為指揮使。

- **1405 年（乙酉，永樂三年）**
  - 本年，鄭和第一次下西洋。

- **1410 年（庚寅，永樂八年）**
  - 本年，增置建州左衛。

- **1449 年（己巳，明英宗正統十四年）**
  - 本年，土木堡之役，明英宗被俘。

- **1457 年（丁丑，明景帝景泰八年）**
  - 本年，奪門之變，明英宗復位。

- **1479 年（己亥，明憲宗成化十五年）**
  - 本年，宦官汪直巡邊塞，至遼東，殺建州女真貢使，詐稱戰功。

- **1480 年（庚子，成化十六年）**
  - 本年，遼東塞外各部報復汪直殺貢使事，大肆殺掠。

- **1535 年（乙未，明世宗嘉靖十四年）**
  - 本年，遼東兵變。

- **1564 年（甲子，嘉靖四十三年）**
  - 本年，倭寇之患平息。

- **1583 年（癸未，明神宗萬曆十一年）**
  - 本年，李成梁圍古城勒討建州女真阿台，建州左衛叫場與子塔失在城中，城破時被殺。塔失子努爾哈赤提出質問，邊將謝過。

- ・明以努爾哈赤襲指揮使。
- ■　1588 年（戊子，萬曆十六年）
  - ・本年，努爾哈赤陸續征服建州蘇克素護、哲陣、渾河、棟鄂四部；僅餘之完顏部，亦於次年解決。
- ■　1589 年（己丑，萬曆十七年）
  - ・本年，任努爾哈赤為都督僉事。
- ■　1591 年（辛卯，萬曆十九年）
  - ・本年，努爾哈赤收服長白山三部中的鴨綠江路。升努爾哈赤為都督。
- ■　1593 年（癸巳，萬曆二十一年）
  - ・本年，女真葉赫等九部攻努爾哈赤，大敗。
- ■　1594 年（甲午，萬曆二十二年）
  - ・本年，吏部郎中顧憲成罷官，還無錫修東林書院，與高攀龍等講學。東林黨議始此。
- ■　1595 年（乙未，萬曆二十三年）
  - ・本年，進努爾哈赤為龍虎將軍。
- ■　1598 年（戊戌，萬曆二十六年）
  - ・本年，努爾哈赤征服安楚拉庫路，經營東海諸部始此。
- ■　1599 年（己亥，萬曆二十七年）
  - ・本年，努爾哈赤滅哈達，命額爾德尼、噶蓋等製滿文。
- ■　1601 年（辛丑，萬曆二十九年）
  - ・本年，耶穌會傳教士入京。
- ■　1610 年（庚戌，萬曆三十八年）
  - ・本年，顧憲成向首輔葉向高等推薦李三才入閣，齊、楚、浙三黨反對。
- ■　1615 年（乙卯，萬曆四十三年）
  - ・本年，發生梃擊案。
  - ・努爾哈赤建立八旗制度。
- ■　1616 年（丙辰，萬曆四十四年）
  - ・本年，努爾哈赤稱汗，國號金，史稱後金。
- ■　1618 年（戊午，萬曆四十六年）
  - ・本年，後金汗努爾哈赤興兵反明。
  - ・明以楊鎬經略遼東。
- ■　1619 年（己未，萬曆四十七年）
  - ・本年，楊鎬四路攻後金，大敗。杜松、劉綎陣亡。
  - ・努爾哈赤滅葉赫部。
  - ・以熊廷弼經略遼東。

■ 1620 年（庚申，明光宗泰昌元年）
 ・本年，發生紅丸案。
 ・發生移宮案。

■ 1621 年（辛酉，明熹宗天啟元年）
 ・本年，後金兵陷瀋陽、遼陽，經略袁應泰自殺。
 ・用王化貞巡撫廣寧，熊廷弼經略遼東。二人不合。

■ 1622 年（壬戌，天啟二年）
 ・本年，後金兵陷廣寧，王化貞、熊廷弼俱走入關。
 ・命孫承宗經略遼東。袁崇煥築寧遠城守之。

■ 1625 年（乙丑，天啟五年）
 ・本年，殺熊廷弼。用高第代孫承宗為經略。高第命放棄關外地。袁崇煥拒命。
 ・後金遷都瀋陽（盛京）。

■ 1626 年（丙寅，天啟六年）
 ・本年，魏忠賢命修《三朝要典》。
 ・魏忠賢遣緹騎南下捕東林黨人。
 ・袁崇煥守寧遠，用大炮擊退後金軍。
 ・努爾哈赤受傷而死，諸貝勒擁立四貝勒皇太極。

■ 1627 年（丁卯，天啟七年）
 ・本年，皇太極攻寧遠，被擊退。

■ 1628 年（戊辰，明思宗崇禎元年）
 ・本年，贈恤天啟間被害諸臣，毀《三朝要典》。
 ・以袁崇煥總督薊遼。

■ 1629 年（己巳，崇禎二年）
 ・本年，後金軍越邊牆進至京城下。
 ・袁崇煥入援。
 ・明思宗信反間，下袁崇煥獄。
 ・張溥組織復社，在尹山大會。
 ・後金考試生員，已被擄為奴者得釋，聽候錄用。

■ 1630 年（庚午，崇禎三年）
 ・本年，後金兵撤走。
 ・袁崇煥被誣殺。
 ・李自成、張獻忠等陸續起事。

■ 1631 年（辛未，崇禎四年）
 ・本年，後金編漢兵，造大炮。
 ・皇太極廢大貝勒與國君並坐舊制。

■ 1632 年（壬申，崇禎五年）
 ・本年，後金攻取察哈爾部。
 ・達海增改滿文字頭，加圈點。

- 1633 年（癸酉，崇禎六年）
  - 本年，明叛將孔有德、耿仲明航海投後金，皇太極重用二人。
  - 復社虎丘大會，到者數千人。

- 1634 年（甲戌，崇禎七年）
  - 本年，明將尚可喜叛降後金。

- 1636 年（丙子，崇禎九年）
  - 本年，皇太極即皇帝位，改金為清。
  - 清封孔有德、耿仲明、尚可喜三降將為王。
  - 清阿濟格等越邊牆，南至安州，攻掠而去。
  - 闖王高迎祥戰死，李自成繼稱闖王。

- 1638 年（戊寅，崇禎十一年）
  - 本年，逆案阮大鋮居南京，與革職巡撫馬士英謀起用，復社諸生黃宗羲、吳應箕等公佈《留都防亂公揭》。

- 1639 年（己卯，崇禎十二年）
  - 本年，清軍南至兗州始北撤，破畿輔山東六十一州縣。

- 1641 年（辛巳，崇禎十四年）
  - 本年，清兵攻錦州。明洪承疇援錦兵敗，在松山被圍。

- 1642 年（壬午，崇禎十五年）
  - 本年，松山破，洪承疇被俘降清。
  - 清兵再入長城，南至贛榆。

- 1643 年（癸未，崇禎十六年）
  - 本年，清兵北還。
  - 清太宗卒，子福臨嗣位。鄭親王濟爾哈朗、睿親王多爾袞輔政。

- 1644 年（甲申，崇禎十七年；清世祖順治元年）
  - 本年，李自成在西安稱王，國號大順，破京師，明思宗自縊。
  - 明寧遠總兵吳三桂向清求援；一片石之戰，多爾袞與吳三桂擊敗大順軍。
  - 清封吳三桂為平西王。
  - 李自成還北京即帝位，旋即棄城西撤。
  - 多爾袞入京師。
  - 明南京兵部尚書史可法、鳳陽總督馬士英等在南京擁立福王朱由崧。
  - 馬士英當道，迫害東林復社人士。
  - 清世祖到北京，即皇帝位，並發兵南下。

- 1645 年（乙酉，順治二年）
  - 本年，清軍破西安，李自成南走。後為地主武裝所殺。
  - 清軍破揚州，史可法殉難。
  - 清軍渡江，弘光帝逃亡被俘。次年被殺。
  - 南京降清。清軍下蘇杭。
  - 明唐王朱聿鍵在福州即帝位。

- 明魯王朱以海在紹興稱監國。
- 江南抗清義軍紛起。

■ 1646 年（丙戌，順治三年）
- 本年，明魯王逃亡入海。
- 清軍入福建，明唐王朱聿鍵被俘死。
- 明鄭芝龍降清。其子鄭成功不從，起兵海上。
- 明桂王朱由榔在肇慶即帝位。
- 明唐王弟朱聿鐹在廣州稱帝。清兵破廣州，朱聿鐹自殺。
- 清軍入川，張獻忠拒之，中箭死。

■ 1647 年（丁亥，順治四年）
- 本年，明桂王駐桂林。

■ 1651 年（辛卯，順治八年）
- 本年，清世祖親政，追尊多爾袞為義皇帝；旋即追論多爾袞「圖謀不軌」罪，削爵籍沒。
- 清軍陷舟山，明魯王航海。
- 鄭成功部將施琅降清。

■ 1653 年（癸巳，順治十年）
- 本年，明魯王取消監國號。

■ 1655 年（乙未，順治十二年）
- 本年，清令沿海不准片帆下海。

■ 1657 年（丁酉，順治十四年）
- 本年，順天、江南發生科場舞弊案，殺順天考官二人。

■ 1658 年（戊戌，順治十五年）
- 本年，殺江南兩主考及房考多人。
- 明桂王封鄭成功延平郡王。

■ 1659 年（己亥，順治十六年）
- 本年，清軍入昆明，桂王走緬甸。
- 鄭成功、張煌言大舉入長江，敗於江寧城下。

■ 1660 年（庚子，順治十七年）
- 本年，嚴禁士子立社訂盟。
- 定八旗官職漢稱。

■ 1661 年（辛丑，順治十八年）
- 本年，清世祖卒，子玄燁嗣位。
- 奏銷案起，追收各省欠賦，江南巡撫朱國治拘捕黜革大批紳衿。
- 蘇州發生哭廟案，諸生金人瑞（金聖歎）等被殺。
- 鄭功進軍台灣，驅逐荷蘭軍。
- 清廷殺鄭芝龍，實行海禁。
- 吳三桂迫緬甸交出明永曆帝（桂王）。

■ 1662 年（壬寅，清聖祖康熙元年）
　• 本年，吳三桂殺明永曆帝。
　• 鄭成功卒，子鄭經嗣延平郡王。
　• 明魯王朱以海卒於台灣。

■ 1667 年（丁未，康熙六年）
　• 本年，康熙帝親政，時年十四歲。

■ 1669 年（己酉，康熙八年）
　• 本年，捕鰲拜，革職禁錮。

■ 1671 年（辛亥，康熙十年）
　• 本年，毀南京明故宮。

■ 1673 年（癸丑，康熙十二年）
　• 本年，三藩之亂爆發。

■ 1674 年（甲寅，康熙十三年）
　• 本年（康熙十二年冬），楊起隆稱朱三太子，密謀起事，失敗後逃脫。

■ 1681 年（辛酉，康熙二十年）
　• 本年，三藩之亂結束。
　• 鄭經卒，子鄭克塽嗣位。

■ 1682 年（壬戌，康熙二十一年）
　• 本年，朱方旦案。

■ 1683 年（癸亥，康熙二十二年）
　• 本年，施琅攻下澎湖，入台灣，鄭克塽降。

■ 1684 年（甲子，康熙二十三年）
　• 本年，開海禁。
　• 清聖祖第一次南巡。

■ 1689 年（己巳，康熙二十八年）
　• 本年，清聖祖第二次南巡。

■ 1699 年（己卯，康熙三十八年）
　• 本年，清聖祖第三次南巡，途中視察河工。

■ 1703 年（癸未，康熙四十二年）
　• 本年，清聖祖第四次南巡。
　• 始建熱河離宮（避暑山莊）。

■ 1705 年（乙酉，康熙四十四年）
　• 本年，清聖祖第五次南巡。

■ 1707 年（丁亥，康熙四十六年）
　• 本年，清聖祖第六次南巡，途中視察河工。

■ 1708 年（戊子，康熙四十七年）
　‧本年，太子胤礽被廢。

■ 1709 年（己丑，康熙四十八年）
　‧本年，重立胤礽為太子。
　‧張念一（念一和尚）奉朱三太子起事失敗，清廷據其口供捕獲張姓人士（一名王元），
　　認是崇禎帝四子永王朱慈煥，父子均被殺。朱三太子案至此遂寢。

■ 1712 年（壬辰，康熙五十一年）
　‧本年，定「滋生人丁永不加賦」之制。
　‧再廢太子胤礽。

■ 1713 年（癸巳，康熙五十二年）
　‧本年，江南科場案定案。

■ 1715 年（乙未，康熙五十四年）
　‧本年，意大利傳教士、畫家郎世寧入值內廷。

■ 1716 年（丙申，康熙五十五年）
　‧本年，《康熙字典》成書。

■ 1718 年（戊戌，康熙五十七年）
　‧本年，以皇十四子胤禵為撫遠大將軍，統兵西征，駐西寧。

■ 1721 年（辛丑，康熙六十年）
　‧本年，朱一貴起事。

■ 1722 年（壬寅，康熙六十一年）
　‧本年，清聖祖卒。
　‧皇后弟、步軍統領隆科多宣佈遺命，以皇四子雍親王胤禛嗣位。
　‧召胤禵還京，軍事由延信及川陝總督年羹堯主持。

■ 1723 年（癸卯，清世宗雍正元年）
　‧本年，解允禵（即胤禵）大將軍職。

■ 1729 年（己酉，雍正七年）
　‧本年，始設軍機處。
　‧清世宗撰《大義覺迷錄》。

■ 1733 年（癸丑，雍正十一年）
　‧本年，封皇四子弘曆為和碩寶親王，綜理軍機，諮決大計。

■ 1735 年（乙卯，雍正十三年）
　‧本年，清世宗卒，子弘曆即位。
　‧《明史》成書。

■ 1744 年（甲子，清高宗乾隆九年）
　‧本年，申斥科場弊端。順天鄉試因稽查嚴密，二千八百餘人不敢入場。

- 1751 年（辛未，乾隆十六年）
  · 本年，清高宗第一次南巡。
- 1757 年（丁丑，乾隆二十二年）
  · 本年，清高宗第二次南巡。
- 1762 年（壬午，乾隆二十七年）
  · 本年，清高宗第三次南巡。
- 1765 年（乙酉，乾隆三十年）
  · 本年，清高宗第四次南巡。
- 1773 年（癸未，乾隆三十八年）
  · 本年，開《四庫全書》館。
- 1777 年（丁酉，乾隆四十二年）
  · 本年，王錫侯《字貫》案。
- 1780 年（庚子，乾隆四十五年）
  · 本年，清高宗第五次南巡。
- 1782 年（壬寅，乾隆四十七年）
  · 本年，第一份《四庫全書》告成。命繕寫六份，分藏北京、熱河、盛京、揚州、鎮江、杭州。
- 1784 年（甲辰，乾隆四十九年）
  · 本年，清高宗第六次南巡。
- 1785 年（乙巳，乾隆五十年）
  · 本年，清高宗舉行千叟宴。
- 1795 年（乙卯，乾隆六十年）
  · 本年，宣佈明年禪位於嘉親王顒琰。
- 1796 年（丙辰，清仁宗嘉慶元年）
  · 本年，清高宗禪位，稱太上皇帝。
- 1799 年（己未，嘉慶四年）
  · 本年，太上皇帝卒，清仁宗始親政。
- 1820 年（庚辰，嘉慶二十五年）
  · 本年，清仁宗卒，皇二子旻寧即位。
- 1837 年（丁酉，清宣宗道光十七年）
  · 本年，規定廣州對外貿易商行限為十三家。
- 1838 年（戊戌，道光十八年）
  · 本年，鴻臚寺卿黃爵滋疏陳煙害，主張嚴禁。
  · 派林則徐為欽差大臣赴粵。

■ 1839 年（己亥，道光十九年）
・本年，林則徐到廣州，責令外商繳煙，在虎門公開銷毀。
・清宣宗諭停止中英貿易。

■ 1840 年（庚子，道光二十年）
・本年，中英鴉片戰爭爆發。

■ 1841 年（辛丑，道光二十一年）
・本年，詩人、思想家龔自珍卒。

■ 1842 年（壬寅，道光二十二年）
・本年，《中英南京條約》簽訂。

■ 1850 年（庚戌，道光三十年）
・本年，清宣宗卒，皇四子奕詝即位。

■ 1851 年（辛亥，清文宗咸豐元年）
・本年，洪秀全金田起義，建立太平天國。

■ 1853 年（癸丑，咸豐三年）
・本年，太平天國定都南京，改名天京。

■ 1856 年（丙辰，咸豐六年）
・本年，廣州亞羅號事件，英軍攻廣州，英法聯軍之役（第二次鴉片戰爭）開始。

■ 1857 年（丁巳，咸豐七年）
・本年，英法聯軍陷廣州。

■ 1860 年（庚申，咸豐十年）
・本年，英法聯軍入京，火燒圓明園。
・與英、法簽訂《北京條約》。

■ 1861 年（辛酉，咸豐十一年）
・本年，清文宗在熱河病卒，子載淳即位。

■ 1864 年（甲子，清穆宗同治三年）
・本年，太平天國滅亡。

■ 1875 年（乙亥，清德宗光緒二年）
・1 月（同治十三年十二月），清穆宗卒。醇親王奕譞子載湉繼位。

■ 1884 年（甲申，光緒十年）
・本年，中法戰爭。翌年結束。

■ 1894 年（甲午，光緒二十年）
・本年，中日甲午戰爭爆發。

■ 1895 年（乙未，光緒二十一年）
・本年，中日簽訂《馬關條約》。

■ 1898 年（戊戌，光緒二十四年）
  ・本年，百日維新。
  ・戊戌政變發生。

■ 1900 年（庚子，光緒二十六年）
  ・本年，義和團事件爆發。
  ・八國聯軍攻入北京。

■ 1901 年（辛丑，光緒二十七年）
  ・本年，簽訂《辛丑條約》。

■ 1904 年（甲辰，光緒三十年）
  ・本年，日俄戰爭爆發，清廷宣佈「中立」。

■ 1907 年（丁未，光緒三十三年）
  ・本年，清政府命各省設諮議局。

■ 1908 年（戊申，光緒三十四年）
  ・本年，清德宗卒。載灃子溥儀繼位，以載灃為攝政王。
  ・慈禧太后卒。

■ 1911 年（辛亥，溥儀宣統三年）
  ・本年，廣州黃花崗之役。
  ・武昌起義，辛亥革命爆發。

■ 1912 年（壬子，中華民國元年）
  ・本年，中華民國成立，孫中山在南京就任臨時大總統。
  ・清帝退位，清朝滅亡。

主要參考書目

工具書／目錄學

- 《二十世紀中國學術要籍大辭典》，北京：中共中央黨校出版社，1993 年。
- 《中國學術名著大詞典・近現代卷》，上海：漢語大詞典出版社，2001 年。
- 《中國學術名著提要・歷史卷》，上海：復旦大學出版社，1994 年。
- 《中國歷史大辭典》上、下卷，上海：上海辭書出版社，2000 年。
- 《中國歷史百科全書》，北京：中國大百科全書出版社，1994 年。
- 中外名人研究中心、中國文化資源開發中心編《中國名著大辭典》，合肥：黃山書社，1994 年。
- 中國社會科學院歷史研究所編《八十年來史學書目 (1900－1980)》，北京：中國社會科學出版社，1984 年。
- 王繼祥主編《中國學術著作總目提要・文化教育卷 (1978－1987)》，長春：吉林教育出版社，1996 年。
- 王繼祥主編《中國學術著作總目提要・歷史地理卷 (1978－1987)》，長春：吉林教育出版社，1996 年。
- 北京圖書館編《民國時期總書目 (1911－1949)：歷史 A 傳記 A 考古 A 地理》上、下冊，北京：書目文獻出版社，1994 年。
- 宋木文、劉杲主編《中國圖書大辭典 (1949－1992)：歷史、地理》上、下冊；武漢：湖北人民出版社，1997 年。
- 李玉、吳宗國主編《大學文科指導書目：歷史學》，北京：北京大學出版社，1991 年。
- 周川主編《中國近現代高等教育人物辭典》，福州：福建教育出版社，2012 年。
- 夏征農主編《大辭海・中國古代史卷》，上海：上海辭書出版社，2005 年。
- 秦進才主編《中國帝王后妃大辭典》，石家莊：河北人民出版社，1998 年。
- 楊寬、方詩銘、程應鏐、陳旭麓、沈起煒主編《中國通史詞典》上、下卷，上海：上海人民出版社，2008 年。
- 趙國璋、潘樹廣主編《文獻學大辭典》，揚州：廣陵書社，2005 年。
- 謝保成、賴長揚、田人隆編《中國史書目提要》，鄭州：中州古籍出版社，1991 年。

史學史／學術史

- 王明德等著《近代中國的學術傳承》，成都：巴蜀書社，2010 年。
- 王學典著《20 世紀中國史學評論》，濟南：山東人民出版社，2002 年。
- 王曉清著《學者的師承與家派》，武漢：湖北人民出版社，2000 年。
- 何齡修編《孟心史學記——孟森的生平和學術》，北京：三聯書店，2008 年。
- 周佳榮、丁潔著《天下名士有部落 —— 常州人物與文化群羣體》，香港：三聯書店、香港浸會大學當代中國研究所，2013 年。
- 周佳榮著《中國歷代史學名著快讀》，香港：商務印書館，2016 年。
- 尚小明著《北大史學系早期發展史研究（1899 – 1937）》，北京：北京大學出版社，2010 年。
- 胡逢祥、張文建著《中國近代史學思潮與流派》，上海：華東師範大學出版社，1991 年。
- 馬寶珠主編《20 世紀中國史學名著提要》，北京：北京師範大學出版社，2007 年。
- 張書學著《中國現代史學思潮研究》，長沙：湖南教育出版社，1998 年。
- 張豈之主編《中國近代史學學術史》，北京：中國社會科學出版社，1996 年。
- 張舜徽主編《中國史學家傳》，瀋陽：遼寧人民出版社，1984 年。
- 陳其泰著《20 世紀中國歷史考證學研究》，北京：北京師範大學出版社，2005 年。
- 陳祖武著《中國學案史》，上海：東方出版中心，2008 年。
- 謝保成著《增訂中國史學史・晚清至民國》，北京：商務印書館，2016 年。
- 顧頡剛著《當代中國史學》，香港：龍門書店，1964 年。

明清史／其他

- 李小林、李晟文主編《明史研究備覽》，天津：天津教育出版社，1989 年。
- 李紹先、吳進編著《明宮疑案》，台北：國家出版社，2011 年。
- 李殿元編著《清宮疑案》，台北：國家出版社，2011 年。
- 周佳榮著《明清小說：歷史與文學之間》，香港：商務印書館，2017 年。
- 周佳榮編著《人物中國歷史》1 – 3（第三版），香港：香港教育圖書公司，2006 年。
- 武少民著《百年清學研究九論》，長春：吉林人民出版社，2008 年。
- 南炳文著《輝煌、曲折與啟示：20 世紀中國明史研究回顧》，天津：天津人民出版社，2001 年。
- 徐廣源著《清宮佳麗三十人》，北京：故宮出版社，2013 年。
- 常書紅著《辛亥革命前後的滿族研究 —— 以滿漢關係為中心》，北京：社會科學文獻出版社，2011 年。
- 陳生璽、杜家驥編著《清史研究概覽》，天津：天津教育出版社，1991 年。

• 寒江雪編著《正說明朝 24 懸案》，南昌：江西人民出版社，2008 年。

• 馮玉榮編著《大明十五疑案》，北京：中華書局，2006 年。

• 趙雲田著《明清宮廷秘史》，石家莊：河北人民出版社，1985 年。

• 劉海峰著《百年清史纂修史》，合肥：安徽人民出版社，2014 年。

• 潘洪鋼著《明清宮廷疑案》增訂本，北京：中國社會科學出版社，1992 年。

• 蕭超然、沙健孫、周承恩、梁柱、楊文嫺編著《北京大學校史 (1898 – 1949)》增
訂本，北京：北京大學出版社，1988 年。